劉惠丞，楊堂闊　著

口才不靠天賦

5堂課讓你成為演說高手，

魅力話術治癒你的上臺恐懼症！

U0087444

若 當 不 了 先 天 的 詩 人

便 成 為 後 天 的 演 說 家

成功只會青睞那些準備充分的人

掌握演說技巧，背誦九九乘法表也能逼哭人！

目錄

目錄

前言

你是否羨慕他人在講台上口若懸河？你是否希望自己面對聽眾不再緊張？你是否期待將來能在不同場合暢所欲言？

現代生活的多樣化，使得人們越來越多的參與各種公開活動，由此必然接觸到各種公開演說的機會。由於現行教育對人在公開語言表達能力上無法做到人人普及，因此，有很多人無法適應在大庭廣眾、在許多人的注視下公開發言。

在當今社會，公開演說能力的高低直接影響到一個人日常生活的各方各面。作為一種與先天無關的能力，無論貧富貴賤，它完全靠後天的培養。同時，公開演說也是實踐性極強的一門學科，如果你不開口去訓練，不找一切機會去實踐，你在這方面要超越和突破幾乎絕無可能。

縱觀那些傑出的政治家，他們無不是在公開演說中傳達自己理念的高手：

國父孫中山先生透過公開演說，發起十餘次革命起義，最終推翻封建統治！

美國總統歐巴馬透過公開演說，宣揚治國方針，最終成為了美國歷史上的第一位黑人總統！

前言

這是一個激烈競爭的時代，這是一個展現個人語言魅力的時代！在人生的舞台上，一流的公開演說能力將是您馳騁人生的致勝法寶。在古代，人們就認為「一人之辯重於九鼎之寶，三寸之舌強於百萬之師」。到了近代，英國首相邱吉爾曾說：「一個人可以面對多少人，就代表這個人的人生成就有多大！」，無論是政界領袖柯林頓、川普、梅克爾，還是商界領袖威爾許、賈伯斯、張忠謀，古今中外絕大多數深具影響力的成功人士都是善於公開演說的高手。

在日常生活中，有很多人在學習上名列前茅，在工作上出類拔萃，但每當遇到在公開場合發言的時候，就不寒而慄。他們緊張、他們害怕、他們擔心自己會因為講不好而被別人嘲笑，而越是如此就越是在公開演說時候說不出口。要想在會議上侃侃而談、慷慨陳詞、樹立領袖風采，要想在各種社交場合應聲而起、暢所欲言、展現個人魅力，要想在下屬和員工面前言談得體、泰然自若、具備領袖風度，你就必須大膽去說，克服心理上的障礙，邁出那關鍵的一步。

同樣是公開演說，但為什麼有的人講話平平淡淡，而有的人講話卻能引起聽眾的巨大反響？別指望別人會有足夠的耐心仔細聽你講下去，你必須一開始就引起聽眾的興趣，針對他們的心理需求發言。當你即將公開演說時，事前準備的越充分，你在台上說起來就越輕鬆。沒有人會嫌好話多，適當的讚美聽眾更能提升他們對你所說話語的關注。即便是在公開場合有批評的言辭，也要注重其中的藝術。當你結束講話的時候再加上一個精彩的結尾，這更能讓人回味悠長。

當然，你的聽眾並不完全都是你的擁護者，總有詆毀你的人，總有厭惡你的人，總有想使你難堪的人。他們會抓住你的漏洞，進而攻擊你，破壞你的講話。面對可能遇到的各種危機，你就必須具備在講話中快速應變的能力，及時彌補自己語言上的缺失，巧妙的回擊那些不懷好意的挑戰。

本書以提高人們的公開演說能力為出發點，採用理論和事例相結合的形式，涵蓋了人們日常生活的各個方面，逐步培養讀者在公開場合的語言表達能力。本書引用了大量的經典實例，特別是一些偉人、名人的精彩講話，使讀者能夠更加深刻的領悟公開演說的技巧和操作要點。

本書將幫助你克服在公開場合發言的恐懼，提高你的說服力，讓你輕而易舉的說打動和說服他人；讓你在職場發表演說時面試時，鎮定自如，發表富有感染力的演講；使你在大庭廣眾之下發表富有鼓舞性的演講，引發團隊熱情和凝聚力。如果你能堅持按照本書的方法去做，你將會逐步成為各個公共場合令人矚目的明星。

前言

第一章　大膽去說，突破自身心理上的障礙

很多人在學習上名列前茅，在工作上出類拔萃，但每當遇到在公開場合發言的時候，就不寒而慄。他們緊張、他們害怕、他們擔心自己會因為講不好而被別人嘲笑。而越是如此就越是在公開演說時候說不出口。雖然他們也羨慕別人能夠侃侃而談、羨慕別人能夠慷慨陳詞，也想改變自己。但總是很難克服心理上的障礙邁出那關鍵的一步。在今天，公開演說能力的高低直接影響到一個人日常生活的各方各面。到了突破你的心理障礙，訓練你講話能力的時候了。

一、針對性的心理鑄造

大凡不善於在眾人面前講話的人，在其諸多原因之中，最主要、最根本的原因是由於心理上的障礙，缺乏臨場的心理訓練。所以，要想公開演說不緊張，首先要做的就是消除對當眾發言的恐懼心理。平時多練習隨時開口說話的能力，有適當的機會就試一試。告訴自己：即便講不好，也沒什麼大不了。

消除公開演說的恐懼心理

西方有這樣一句格言：「詩人是先天的，演說家是後天的。」就是說，一個人的口才不是天生的，而是後天勤講勤練練出來的。同樣，公開演說的能力也是練出來的。練可以單獨練，也可以請人指教練；可以對著少數人練，也可以對著多數人練；可以在非正式場合練，也可以在正式場合練。總之，要抓住一切機會練。而要這樣堅持練下去，首先要克服一種心理障礙，即恐懼心理。可以說，初次登台講話的人，往往都有這種恐懼心理。但是，這一障礙不消除，是很難練就一副好口才的。

英國現代傑出的現實主義戲劇家蕭伯納以幽默的演講才能著稱於世。可是很少有人知道，他二十歲初到倫敦時，卻羞於見人，膽子非常小。若有人請他去做客，他總是先

一、針對性的心理鑄造

在人家門前忐忑不安徘徊多時，而不敢直接按門鈴。

有一次，一位朋友邀他參加學術者學會的辯論會。在會上他懷著一顆非常緊張的心站起來，作了有生以來的第一次演講。

當他講完時，受到別人的譏笑，他覺得自己充當了一個十足的傻瓜，蒙受了莫大的恥辱。此後，他發誓每星期都要公開演說，人們在市場、教堂、學校、公園、碼頭……在擠滿三四千聽眾的大廳或只有寥寥幾人的地下室，都經常看到他慷慨陳詞的身影。有人曾做過統計，在十二年中，他的演講竟達一千多次。

正像蕭伯納參加學術者的辯論會第一次演講一樣，畏懼、怯場是初次登台者的普遍心理。甚至許多大演說家的第一次講演也並不是那樣盡如人意，有的還出現過十分難堪困惑的場面。國際工人運動傑出的女活動家蔡特金第一次演講時，雖然早就做過細緻準備，可一上台，「要講的話一下子從腦子裡全溜掉了，大腦出現了空白」。英迪拉．甘地夫人初次登台時，嚇得連一點聲音也發不出來，講了點什麼自己也不清楚。只聽一個聽眾在說：「她不是在講話，而是在尖叫。」最後，她在一場哄堂大笑之中結束了講話。美國著名作家馬克．吐溫談起他首次在公開場合演講時說，那時彷彿嘴裡塞滿了棉花，脈搏快得像在爭奪賽跑冠軍。英國政治家路易．喬治說，他第一次試著做公開演說時，舌頭抵在嘴的上膛，竟不能說出一個字。美國前總統福特初入政壇時，講話結結巴巴，

人們聽起來很不舒服，因此，有人戲稱他為「啞巴運動員」。

可見，畏懼、怯場是初次登台講話者的普遍心理。然而，消除了這種心理障礙，經過後天的不斷錘煉，終於練就雄辯之才，成為著名演說家的，卻比比皆是。

「冰凍三尺，非一日之寒。」我們不要只羨慕那些著名演說家的卓越口才，而應該讚美和學習他們那種堅持不懈的意志，以及勤學苦練的精神，以他們為榜樣，從現在開始，一步一腳印的鍛鍊和提高自己的公開演說能力。

練習站著的緘默

如果你對公開演說十分的怯場，那麼先從最基本的開始訓練。首先不妨練習「站講台」。因為很多公開演說的場面，說話者都是站著面對廣大聽眾的。

你可以和家人互為聽眾輪流上場，也可讓自己的幾位朋友、同學、同事做自己的聽眾。你站在高於聽眾之處，目視聽眾而不開口，此時你的心理要進入講話的感受這中，進行心理體驗。

這一步練習是練「心」不練「口」，每次站立五至十分鐘，由於可以不開口講話，會減輕你的心理負擔。這步練習直到你不覺得十分緊張為止。

練習隨時開口說話

當你在人前站立心理上已適應之後，即可進入說話訓練。這時的講話從內容和形式上，不要給予任何規定和限制。你要隨心所欲，講自己最熟悉的話。這時的你雖然心理上初步適應，但開口講話還缺乏適應性鍛鍊，此時大腦或緊張或混沌一片，所以這一步練習只要求你能開口講話就可以了，至於內容則可非常隨意。

這一步是在練習「心」的基礎上練「口」，講話時間以三至五分鐘為宜，逐漸加長。你和聽眾可現場交流對話，輪流演練，直到你可在人前自如流利的講話為止。

練習命題隨時演講

當你已經做到能夠面對聽眾大膽開口的時候，即可進入命題演講練習。不妨讓別人提供不同的話題，你再針對話題大膽去說，想說什麼就說什麼，只要說出口，不用拘謹。

你和聽眾之間要反覆交流，推敲你的有聲語言、態勢語言的力度、速度、表情等。此步練習以你在「台」上讓聽眾聽不出你是在背講稿，也不是在「演」為目的，而是要求你達到能夠真實自如、從容不迫的講自己的心裡話。

練習即興發揮演講

當你的臨場心理和講話能力都有了一定的提高後，便可進行較高層次的即興演講練習。你可以用抽籤來確定演講的題目和內容，抽籤後給自己十分鐘打腹稿的時間。

此時你的思維處於高速支轉狀態，這對於提高你的快速謀篇、遣詞、造句是很必要的。由於此時你的心理處於「排練」的氣氛中，所以對「失敗」並不十分懼怕，也就有利於其發揮在正式公開演說時難以全面發揮的內在潛力。

二、公開演說時的說話訓練

縱觀那些傑出的政治家和演說家登台講話的時候，其演講的過程猶如一首動聽的歌曲，讓人回味無窮。所以，公開演說要想取得良好的效果，就必須對講話的音量、語調、節奏乃至語速進行有效的控制。在平時多進行知識上的累積，使得你有更多的談話的資料。

控制公開演說的音量

在現實生活中，不乏聲音洪亮的「高音男」，每當他們說話的時候總給聽眾一種「打雷」的感覺。與此相對，那些聲音細小的人，每當他們發言的時候，人們總是需要豎起耳朵來聽。這兩種音量都會影響當眾發言的效果。

如果一下默作为化解受气如果你處於聲音嘈雜的環境中，為了較好的表達自己的意圖，不得已需要提高聲音說話，但平時就沒有必要大聲說話。試想四周一片寧靜，或樹下談心，或圍爐敘舊，如果有人高聲談話是如何煞風景啊！在客廳裡，過高的聲音會使主人討厭；在公共地方，同伴更會覺得難堪。

每個人的音量範圍的可變性很大，有的高，有的低，說話時，在公開演說時必須善於控制自己的音量。高聲尖叫意味著緊張驚恐或者興奮激動；相反，如果你說話聲音低沉、有氣無力，會讓人聽起來感覺你缺乏熱情、沒有生機。

劉娜是一家IT公司的資深業務經理，她最關心和留意客戶的銷售問題，並總是樂於幫助他人解決，但她的聲音卻讓人聽來討厭，那尖銳的聲音讓周圍很多人感到厭倦。她的老闆私下說，我很想提拔她，但她的聲音又尖又孩子氣，讓人感到她說的話缺乏認真。我不得不找一個聲音聽起來成熟果斷的人來擔任此職。顯然，劉娜就是因為自己說話的音量不合適而失去了提升的機會。

當你想使自己的話題引起他人興趣時，便會提高自己的音量。或者為了獲得一種特殊的表達效果，又會故意降低音量。但大多數情況下，在公開場合應該在自身音量的上下限之間找到一種恰當的平衡。

其實，語言的威懾力和影響力與聲音的大小並非等同。不要以為大喊大叫就一定能說服和壓制他人，聲音過大只會使他人不願聽你講話，轉而討厭你說話的聲音。每個人說話的聲音大小有其範圍，你可以試著發出各種音量不同的聲音，並仔細聽聽，找到一種最為合適的聲音。

公開演說時音量的高低是否恰當適度，直接影響著你的講話內容，左右著聽眾的聽覺感受、精神狀態，甚至關係到整個講話的成敗。缺乏經驗的人在這方面往往認知不足，有人氣如牛，聲如雷；又有人有氣無力，聲音出不來；還有人忽而大聲，忽而小聲，一下提高聲調，一下壓低嗓音，讓人弄不清他的用意。

或許有人會說：「大聲疾呼才是勝利者。」這是因為聲音大，具有擾亂對方說話的作用。比如：大聲呼叫與開懷大笑的政治家，不論其說話內容如何，至少比音量低的人更易給人留下豪放磊落與大膽的印象。事實上，也許大聲可讓對方驚訝，但大聲疾呼的人只是企圖利用「威嚇效果」讓自己處於優勢。

音量的突然改變，同樣具有特殊的效果。比如向來聲大如雷的人，如果突然變得輕聲細語，會帶給對方何種反應呢？一般而言，「輕聲細語」讓人聯想到悄悄話或祕密。因此，當對方忽然降低音量時，即使不是重要內容，也會讓人自然而然去細聽話中的內容。

調節公開演說的語調

在公開演說中，同樣的內容用不同的語調會給聽眾產生不同的效果。因此，語調可以成為你說話時的一柄「利器」，帶給聽眾別樣的體驗。

可以說語調是語言表達的第二張「王牌」，所謂語調，就是說話的腔調。在公開演說中，語調往往比語義能傳遞更多的資訊，能對聽眾的心理產生極其微妙的特殊作用，因此更為重要。

在俄羅斯有位明星，人們都稱她為葉卡夫人。一次她到美國演出時，有位觀眾請求她用俄語講台詞。於是她站起來，開始用流暢的俄語念出台詞。觀眾們雖然不了解她台詞中的意義，卻覺得聽起來令人非常愉快。

葉卡夫人接著往下念後，語調漸漸轉為低沉，最後在慷慨激昂、悲愴萬分時戛然而止。台下的觀眾鴉雀無聲，與她一起沉浸在悲傷之中。而這時，台下傳來一個男人的笑聲，他就是葉卡夫人的丈夫，因為他的夫人剛剛用俄語背誦的是九九乘法表！

從中我們可以看到，語調的不同竟然有如此不可思議的魅力。即使不明白其意義，也可以使人感動，甚至可以完全控制聽眾的情緒。

此外，語調還起著潤色語言的作用，它可以促進思想溝通，使語言表達更加清晰明確，從而增強語言的表現力。因此，學會運用語調，對於提高公開演說的表達能力是十分重要的。

語調可以反映出你說話時的內心世界，表露你的情感和態度。當你生氣、驚愕、懷疑、激動時，你表現出的語調也一定不自然。從你的語調中，人們可以感到你是一個令人信服、幽默、和藹可親的人，還是一個呆板保守、具有挑釁性、好阿諛奉承或陰險狡猾的人。你的語調同樣也能反映出你是一個優柔寡斷、自卑、充滿敵意的人，還是一個誠實、自信、坦率以及尊重他人的人。

所以，公開演說時，要能夠滲進人們心中，這樣才能達到說服別人的目的。因此，在表示有疑問的時候，你可以稍微提高句尾的聲音；要強調的時候，聲音的起伏可以更大些；要表現強烈的感情時，可以把聲調降低或逐漸提高。

總之，絕對不要使你的語氣單調，因為音階的變化會加強你的說服力。你的熱情會在音階的變化中展現，並且能夠感染聽者，從而產生說服的力量。

那麼，怎樣才能使語調生動有趣感染聽眾呢？

一、掌握有特色的各種句調

一句話富有表現力，因為它聲音有高有低，有快有慢。一句話聲音的高低變化叫做句調，句調是語調中主要的內容。句調可分升調、降調、曲調、平調四種，升、降、曲、平四調，各具特色。只有掌握句調的特點，才能靈活表達出各種句調。

二、**語調抑揚頓挫**

抑揚頓挫的語調能細緻表達思想感情和語氣，使語言更富有吸引力。語調越多樣化，越生動活潑，其吸引力就越大。同樣一句話，由於語調不一，就可能給人不同的理解，文明語言可能揭示不尊敬對方的資訊；相反，有些不禮貌的語言在非常親近的人當中，卻給人揭示一種親密無間的資訊，關鍵在於語調分寸感的使用。

三、**控制說話的輕重快慢**

人們說話都有輕重快慢之分。一般來說，重要的詞語或需要強調的內容說得重些。說話輕重適宜，能使語意分明，聲音色彩豐富，語氣生動活潑，語言資訊中心突出，從而引起聽者的注意，引導聽者的思路，易於被人理解和接受。

培養公開演說的節奏

公開演說的節奏應根據發言場合的需要而選擇。運用恰當的節奏說話，是提高說話效果的重要技巧。在需要快說時，語速流暢，不急促，使人聽得明白；在需要慢說時，不能拖沓，要聲聲入耳。語速徐疾、快慢有節，才能使言語富於節奏感。

節奏不是外加的東西，它取決於說話的內容和交談雙方的語境，靠起伏的思緒遣詞造句，靠波動的情感多層衍進。

在公開演說中，人們語言速度的快與慢、情緒的張與弛、語調的起與伏、音量的輕與重等，變化對比，就形成了節奏。節奏在口語中起著重要作用。

節奏主要表現人的心理的運動變化，不同的語言節奏具有不同的形象內涵和不同的感情色彩。適當的節奏，有助於表情達意，使口語富於韻律的美感，加強刺激的強度。

控制公開演說的語速

在公開演說的場合，有的人說話很快，而有的人吞吞吐吐。這就是不善於運用語速技巧，影響表達效果的表現。

交談中，如果講話的速度過快，經由耳朵傳至大腦的資訊過於集中，會使人應接不暇、顧此失彼，甚至搞得人精神緊張。有一位祕書由於語速過快，使上司不勝其煩，只得提出，如果她不放慢語速，就只好請她離開，以保持自己的神志清醒。

雖然有些人說得快而清楚，可大多數人卻是快而含混，再加上聽眾的接受能力各有差異，很多人聽了等於沒聽。因說話太快而致字音不清，固不足道，即使快而清楚，也不足為法。你雖有說話快的本領，但聽者不一定有聽話快的本領。說話的目的在於使人全部明瞭，別人聽不清楚就是白費口舌。因此，訓練自己公開演說時，要聲音清楚、快慢合度。說一句，人家就聽懂一句，不必再問，你要明白的是，陌生人或職位低的人是不大敢上前請你重說的。

要是說話太快，別人就聽不懂你在說什麼，而且還會令人喘不過氣來。但是太慢，人們根本不聽你說，適當的說話速度約為每分鐘一百二十個字至一百六十個字之間。朗讀的速度通常要比說話稍快，說話速度不宜固定，因為思想、情緒會影響音速。增加效果的停頓及速度變化都能豐富句子的變異。

請大聲朗讀下列這段的演講詞，並以計時器計時，滿一分鐘時停止，在唸到的最後一個字上做個記號：

林肯的一生都不斷受到誹謗及中傷，然而一個人一生中的誹謗並不能代表他的生命價值，也不能為歷史裁斷做預測，看來，似乎偉人一生的不朽的光榮可以由他們在世時受到的詆毀及否定而預見。但一個酷似林肯的人出現時，我們應辨認出來並適當的尊崇他。以假設林肯的種裔已從世上消失，及我們也再不會看到像他那樣的人作為敬悼林肯最糟的方式。另一項確證林肯種裔消失的方式便是假設另一個林肯永遠不會出現。

林肯已經成為我們衡量人類價值的準繩了：我們也已用最接近亞伯拉罕·林肯的標準來衡量對人的尊崇。其他的人也許會像他，趨近他，但林肯仍然是用來衡量及評估

的準繩。

要是六十秒時你尚未念到「林肯永遠不會出現」，你說話的速度就太慢了。要是你念到第二段中間，就表示你有點口齒不清，念得越快，就會越含糊，喪失平滑圓順。

語速同聲調一樣，按一定規律變化，即構成一種節奏美。語速的變化，可以淋漓盡致的表達說話者的感情。確定基本語速，並不是從頭至尾一個速度、一種節奏，並不是「和尚念經」，正確的做法是根據語境變化而變換語速。

拓展公開演說的資料

要想公開演說取得良好的效果，說出能打動聽眾的內容十分重要。這與發言者的文化水準有很大的關係。

一個人的知識面是他說話時實現人際溝通交流的源泉。有的人之所以說話很有水準，就在於豐富的知識累積。那麼你要增進自己的知識，充實你講話所用的詞句。

英國大政治家約翰·伯萊特說，他每逢走進圖書館，就憤恨人生太短促了，使他不能將心愛而珍貴的書，遍覽一次！要知道，伯萊特十五歲就被迫輟學，到一家棉紗廠中去做工，從此他便沒有再返回學校的機會！可是後來他不但把英語講得流利純熟，並能對拜倫、米爾頓、雪萊的詩熟讀深思，又能大量背誦莎士比亞名劇背誦，他每年總要溫習一遍《失樂園》，來充實他的字句、他的能力，終於使他成為英國十九世紀有名的演說家。

公開演說的高手多半經常閱讀報章、雜誌和書籍。他們至少每天都會讀一份區域性及國際性報紙。為了與人良好的交談，消息一定得十分靈通才行。

「閱讀」就是公開演說的準備。書要是讀得多，很可能會知道某人的大名或公司，至於記不記得出自何處，或是曾經聽過這些名字，這都不重要了。在談話一開始時，我們可以問：「你的（公司的）名字聽起來好熟，我是不是最近在哪裡看過？」同時，不妨閱讀自己工作領域或領域之外的書籍雜誌。它們能夠使我們通曉世事，便於與其他行業的成功人士交談。

當你想要記住某個重點、某個稀奇古怪的標題，或是一篇有趣的文章時，這裡建議你一個不錯的方法，那就是：閱讀、剪貼、歸檔，並於日後溫習。別忘了標明文章的日期與出處。有時精彩的談話就是來源於此。

無論你是否親自參與這些活動，你都應該對這些題材多少有些認識。女人需要閱讀體育版，了解球賽、球隊及比賽得分；男人也應該閱讀生活版，並吸收網路、社區、電影、書籍、文藝等資訊，如此一來，男女便有相同的題材，彼此都可以找到話題來一起討論。

三、當眾用好體態語

心理學者經過反覆實驗，得出這樣一條公式：一條資訊的表達靠的是百分之七的語言加百分之三十八的聲音加百分之五十五的肢體動作。顯然，人們獲得的資訊大部分來自視覺印象。因此，要獲得公開演說的成功，就既要訓練口才，同時也要研究如何運用體態語，並把兩者緊密結合起來。

體態語在講話中的作用

體態語是透過眼神、臉部表情、手勢、姿態等肢體動作來表情達意的，它具有將有聲語言形象化、生動化的效果。因此，在公開演說過程中起著十分重要的作用。

作用一：輔助或強化有聲語言，給聽者以完整的印象。

有聲語言在表情達意上並不是沒有局限性的。有時候，口語表達者出於某種目的或原因，常常把所要表達的意思一部分甚至大部分隱藏起來，而造成「辭不達意」、「言不由衷」的結果。從聽者的角度來看，有聲語言的這種無形性、隱藏性和間接性，往往叫他們難以「盡解人意」。於是，雙方的交流和溝通就有了很大的障礙。

而體態語則有效的彌補了口語表達的不足。如果說有聲語言主要是訴諸人的聽覺器

三、當眾用好體態語

官，那麼體態語則主要是訴諸人的視覺器官，只有視、聽作用雙管齊下，才能給聽眾以完整、確切的印象。

體態語的輔助作用，還展現在說話者有意無意的透過體態語來加強表達效果，強化主體資訊表達的感染力。它直接作用於聽眾，能夠讓聽眾更直接、更有效、更全面的接受資訊。

具有這種強化作用的體態語言，有時是無意識的，即不自覺的用體態語加強表達效果。如我們說「請」、「請進」時，會不自覺的身子向前傾，一隻手向一側一伸，做個「請」的姿勢；而說「再見」時，一隻手在面前揮來揮去；讚美某人某事說「很好」或「非常棒」時，會不自覺的伸出右手或左右兩手大拇指；而營業員回答顧客「對不起，這批貨沒有了」時，會不自覺的兩手一攤，做「沒有了」的動作。所有這些，都是一些無意識的動作，而這些體態語卻有力的強調了有聲語言的內容。

另一種強化則是有意識的，或者說是主動設計的一些體態語，以加強有聲語言的表達效果。如在演講中，最後的結束語，為展現出號召、希望和決心，而有意設計的推掌和壓掌的動作。當講到「我們要排除萬難，去爭取勝利」時，用一個推掌手勢，便能強調其內涵和感染力。

作用二：有時甚至可以取代有聲語言的表達。

在一些特定的場合，無聲語言完全可以不依附於有聲語言而獨立傳情達意，表現主體的思想感情。有時，甚至用無聲語言才是最佳的選擇，達到「此時無聲勝有聲」的作用。

如有意識的停頓、沉默，只用體態或表情傳遞資訊，在社交活動中往往能達到意想不到的作用和效果。如演講或交談時，為表達一種沉痛的心情，而低著頭、面帶憂傷、沉默無語；或在談判過程中，神情專注，認真傾聽，不發一言；而營業員、服務員面對無理取鬧的旅客和顧客，不與之爭辯，卻始終面帶微笑。這些體態語言確是滔滔不絕的口語表達所難以替代的，它不僅能準確的傳遞某種資訊，而且彌補了用有聲語言表達帶來的不足、缺陷或不良效果。所以，在人際交往、在社交活動中，適當運用體態語，取代有聲語言的表達，效果會更好。

作用三：顯示一個人的氣質和風度。

有聲語言能顯示主體的文化程度、個性特徵，展示主體的個性魅力。但若要充分展示自己的氣質、風度，光靠從容、流利、幽默、機智的談吐顯然是不夠的，還需要無聲語言的密切配合。

體態語的運用原則

在公開演說時運用體態語言，應遵循以下原則：

一、與口頭語同步進行。

體態語的重要功能是輔助有聲語言的表達，因此，在使用體態語時，應與口頭語同步進行，有機的配合口頭語的表達，而不能與口頭語脫節。如果兩者分離，就會弄巧成拙。如表現歡快的內容，卻是悲切的表情；表現感傷的內容，卻又面帶微笑，顯然很不協調。在講話中，如果體態動作和講話不一致，往往會給人一種不真實、虛偽或有意掩飾著什麼的感覺。

所以，在講話中，尤其應注意體態語與口頭語的配合一致。只有語言表達清晰、響亮、準確、有感情，同時配以得體的表情、動作、姿態，才能給人留下美好的形象。

二、恰到好處，適可而止。

體態語儘管在公開演說中有著很大的作用，但它畢竟是作為講話的輔助手段而存在的，多數情況下不能脫離口頭語而存在。所以，我們運用體態語要適度，恰到好處，不可喧賓奪主。如果每句話都用上一個表情或動作，或者搔首弄姿，手舞足蹈，隨意發揮，反而會弄巧成拙，令人反感。比如：一個人與別人交談時，或傾聽別人談話時，總是擠眉弄眼，手腳動個不停，只會弄得對方不安，不會認真傾聽你的講話或耐心與你交談，甚至調頭而走。所以，口才主要展現在口頭語的表達上，體態語只能作為一種輔助手段，在運用過程中不能過多。一舉手，一投足都要恰到好處，適可而止。

三、**切合語境，符合身分**。

在不同場合，應有不同的體態。喜慶的場合要興高采烈，甚至可以翩翩起舞，但在嚴肅的、莊重的場合就不能高聲說笑、手舞足蹈。在公開演說時，一些不良的坐姿、立姿，不良的行為動作是經常可以見到的。這種不文明行為與周圍的環境不相協調，也必定影響講話的效果。應該強調，在一些正式場合要注意運用符合語境的體態語，不可隨隨便便，輕率粗俗。

同時，體態語的運用，還要符合表達者的身分。一般來說，中老年人要穩重老成，不能有輕佻的動作表情，青少年則要活潑大方，不要故顯老成持重。

總之，切合語境，符合身分，也是運用體態語必須遵循的一條原則。

姿態的運用技巧

姿態包括站姿、坐姿和步姿。傳統是很重視人的姿態的，認為這是一個人是否有教養的表現，因此，素有大丈夫要「站如松、坐如鐘、行如風」之說。

在公開演說中同樣要注意自己的姿態。如果你在講話時垂著腦袋，顯出無精打采的樣子，對方就會猜想可能自己並不受歡迎；如果你不正視對方，左顧右盼，對方就可能懷疑你是否有講話的誠意；如果你雙眼朝天，趾高氣揚，對方就可能認為你目中無人，不可接近；如果你點頭哈腰，謙虛過度，對方又可能懷疑你講話是否別有用心。所以，在公開演說中，一定要注意自己的姿態，不卑不亢，落落大方。

一般來說，不同的場合、不同的對象，應該採取不同的姿態，要因人因地而異，不存在一種固定的模式。但是，其中也具有共同性的要求，這就是：

首先，站要有站姿。

一位在公開場合中受人歡迎的人，最重要的是要具備正確的站立姿態。因為站姿是我們日常生活中在正式或非正式場合第一個引人注視的姿態。優美、典雅的站姿是展現人的不同質感動態美的起點和基礎，它能襯托出美好的氣質和風度。

站姿分單人站姿和雙人（或多人）站姿兩種。

單人站立時，對姿勢的基本要求是：全身筆直，挺胸收腹，略微收臀；精神飽滿，兩肩平齊，兩眼平視，面帶微笑；兩臂自然下垂，手指自然彎曲；兩手可在體前交叉，一般是右手放在左手上，肘部應略向外張；兩腿要直，腳要併攏，膝蓋放鬆，大腿稍收緊上提，身體重心落於前腳掌；站累時，腳可向後撤半步，但上體仍然保持正直。

在公開場合應該避免的站姿是：彎腰曲背，甚至出現佝僂狀，這是自我封閉或惶恐不安的表現；兩腿交叉站立，給人以不嚴肅的感覺；雙手或單手插腰，這種站法往往含有進犯之意；身體抖動或晃動，給人以漫不經心或沒有教養的感覺；雙手插入衣袋或褲袋中，顯得不嚴肅或拘謹小氣；雙臂交叉置於胸前，顯示出一個人消極和防禦態度等。這些不良站姿都有礙於瀟灑風度的展現，應注意克服。

在很多場合，總有多人站在一起講話的情況，這時，也應注意站姿。兩人關係和平、友好，可並肩而立，或相對站立，站立姿勢可在標準站姿基礎上靈活運用，但也應克服上述應避免的不良站姿；兩人地位不同，關係較遠，就不能並行而立。如主管和下屬站著交談時，就應相對而立。主管和下屬都應自然站立，主管身體可稍向後仰顯示點自信，但不能過度自傲，下屬身體可稍向前傾顯示恭敬，但不能過度謙卑，要掌握好分寸，恰到好處；多人交談可圍成一個圈；至於多人並肩站立，那是受同一約束力的約束，像軍警、體操隊形佇列，就常用這種站姿。

其次，坐要有坐相。

古人所謂「立如松、坐如鐘、行如風」，就是對站姿、坐姿、步姿的通俗要求。其中對坐姿的要求就是：坐姿文雅、端莊，要像鐘，給人以沉著、穩重、冷靜的感覺。良好的坐姿也是展現自己氣質和風範的重要形式。

良好坐姿的基本要求是：上身端正挺直，肩部放鬆，手可放在腿上或椅子的扶手上，兩腿併攏或稍微分開。女性可以採取小腿交叉的姿勢，但不可向前伸得太遠，男性可以翹「二郎腿」，但不能翹得太高，不能抖動。不管是坐在凳子上還是沙發上，落座都要輕，要穩，不要猛起猛坐，弄得座椅亂響。

坐姿有嚴肅性坐姿與隨意性坐姿兩種。選用什麼樣的坐姿是受語境制約的，一些嚴肅認真的場合採用嚴肅坐姿，一些隨和、非嚴肅的場合可採用隨意坐姿。比如求職面試、接受主管會見、商務談判等，這些場合都應採取嚴肅坐姿，即欠身前坐或淺坐椅子邊上，表示對對方的禮貌和尊重。而隨意坐姿運用則相當廣泛，按腿、手等輔助動作的不同又可分為雙腿交叉坐姿和搭腿坐姿，前者女性運用較多，顯露出莊重、矜持的心態；後者男性運用較多，暗示出一種爭辯或競爭性的心態。還有一種就緒坐姿，即傾身向前，雙手扶膝蓋上或扶在椅子兩邊扶手上，兩眼凝視對方，呈聚精會神的思考問題的狀態。在商貿洽談時，如客戶先是捋捋下巴，然後又做出這種就緒姿勢，這就證明他的態度是積極的，表明他有意訂貨。相反，如果客戶坐在那裡，先是雙腿、雙臂交叉，然後才顯出一種就緒坐姿，這證明他的態度是消極的，沒有訂貨誠意，是想終止洽談的人體信號。作為洽談主體，應善於從客戶的坐姿中捕捉他們的心理。

最後，步姿要優美大方。

無論是在公共場合，還是在日常生活中，步姿都是「有目共睹」的肢體語言，往往最能展現一個人的風度、風采和韻味。優美的步姿會使身體各部分都散發出迷人的魅力。

良好的步姿應該是：上體正直，抬頭，下巴與地面平行，兩眼平視前方，精神飽滿，面帶微笑；跨步均勻，一般情況下男士步幅四十公分左右，女子三十公分；步伐穩健，步履自然，要有節奏感；身體重心稍稍向前，腳尖微微分開，避免「外八字」或「內八字」邁步，兩手前後自然協調擺動，手臂與身體的夾角一般在十度至十五度。

在公開場合，應根據不同語境表達的需要選用不同的步姿，但都要克服一些不良的步姿。比如：走路時身子亂晃亂擺；頭抬得很高，雙手反背於背後行走；外八字，而且一搖一擺，像鴨子走路；步伐很大或很小等。這些不良步姿，是很令人討厭的。

微笑的運用技巧

在臉部表情這一體態語言中，微笑是最能起作用的一種表情語言。一些心理學家曾把臉部表情分為上半部分和下半部分分別加以研究，結果出人意料的發現，嘴在表達各種思想感情方面的作用比眼睛還要重要。另外，發現眉毛也有二十多種「表演節目」，而且男子使用眉毛甚至比女子更多。然而，不管臉部表情如何複雜、微妙，在交往中最常用、最有用的臉部表情就是微笑。正確運用微笑的方式，對於強化有聲語言的溝通功能，增強交往效果，具有多方面的作用。

微笑看似簡單，但要把握得恰到好處也不容易。經常出現的毛病是：笑過了頭，嘴咧得太大。這樣給人一種傻乎乎的感覺。再有就是皮笑肉不笑，看上去讓人覺得難受。要解決這些問題，糾正這些毛病，首先是要解決基本態度的問題。

當代心理學根據最新研究成果已經找到了真笑和假笑的區別：如果你在交談中能夠以完全平等的態度對待對方，尊重對方的感情、人格和自尊心，那麼你的微笑就是真誠的、美麗的，就具有強大的凝聚力和感染力。否則，你的微笑就是虛假的、醜陋的，你所能得到的也只能是反向心理和離心力。所以，只有基本態度端正了，「皮笑肉不笑」的問題才能迎刃而解。其次，要注意掌握微笑的動作要領和方法。即：微笑時，口腔張開到不露或剛露齒縫的程度，嘴唇呈扁形，嘴角微微上翹。

眼神的運用技巧

在臉部表情中，最生動、最複雜、最微妙，也最富有表現力的莫過於眼神了。眼神又稱目光語，是運用眼的神態和神采來表達感情、傳遞資訊的一種無聲語言。

在體態語言中，眼睛最能傾訴感情、溝通心靈。眼神千變萬化，表露著人們豐富多彩的內心世界。

不同的眼神可以表達出不同的思想感情：眼神明澈、坦蕩，表示為人正直、心胸寬廣；眼神奕奕生輝，表示精神煥發、勇於開拓；眼神執著、熱情，表示堅定自信、奮發向上；眼神狡黠、陰詐，表示為人虛偽、心地卑劣；眼神飄浮游移，表示為人輕薄、心胸狹窄；眼神晦暗生澀，表示著屈服命運、不求上進；眼神如蛇蠍蟄伏，表示著邪惡、刁鑽……在與人接觸時，正視對方，表示對對方的尊重；斜視對方，表示對對方的蔑視；看的次數多，表示對對方的好感和重視；看的次數少或不屑一顧，表示對對方的反感和輕視；眼睛眨動的次數多，表示喜悅和歡快，也表示疑問或生氣；眼睛眨動的次數少甚至凝視對方，表示驚奇、恐懼和憂傷；如果不敢直視對方，可能是因為害羞，也可能有什麼事不願讓對方知道；如果懷有敵意的雙方互相緊盯著，其中一方突然把眼光移向別處，則意味著退縮和膽怯；如果談判時有一方不停的轉動著眼珠，這就要提防他出什麼新主意或壞主意；如果是頻繁而急速的眨眼，也許是表示羞愧、內疚，但也可能表示他在撒謊……總之，不同的眼神表達的思想感情是極其複雜和微妙的。

在不同場合，眼神的運用有不同的技巧。我們只有正確運用這些技巧，方能取得最佳效果。

一、與陌生人交談時眼神的運用技巧。

剛剛與陌生人開始接觸時，眼神不能直視對方，死盯著一個陌生人看是不禮貌的行為，也會使對方感到不自在。觀察陌生人的方法一般都是先看一眼，然後轉視他方或四周。如當顧客走進旅館時，旅館服務員用眼神注視一下對方，面帶微笑，配上一句「歡迎光臨」，便完成了整個歡迎的過程。如果服務員對某位顧客凝視不止，就意味著不再是把顧客當作服務對象，那就會讓顧客產生誤解，甚至產生討厭的情緒了。

大多數是有意與陌生人交往的，如談判、洽談、組織外部的公關協調等。儘管我們事先要對交談對象做些調查了解，但初次見面也當屬陌生人範疇。如有意與這些人交往，則不止限於有禮貌的故作不經意的一瞥，而應注意仔細觀察一下對方。當然，當對方也在觀察你時，你應移開注視對方的目光，因為相互的對視，就如同目光爭鬥，含有敵對不滿情緒是不妥當的。兩人之間應是對等交換觀察，一人看著對方，而對方則應立刻目視他方，讓其打量，當對方回看他時，他也同樣避開對視，讓其打量。這樣相互對等打量之後，兩人的目光就要有所接觸，這時，雙方還需採取一些明顯的舉動表示對對方人格的尊重。例如報以微笑、點頭、問候或更為熱情的舉動。這樣才能使雙方由不相識到相識，達到溝通的目的。

同有聲語言一樣，目光的禮節也會因民族和文化的不同而不同。在國際交往時，要了解不同民族、不同國家的人們的目光禮節。如美國人使用目光相互打量的次數多於亞洲人，他們慣於在正式談話時看著對方的眼睛，如果看著別處就會被看作是一種失禮行為。而在面對面交談時，日本人的目光一般常落在對方的頸部，而對方的臉部和雙眼要映入自己眼簾的外緣，眼對眼被認為是一種失禮行為。這些目光禮節，在國際商貿談判、洽談和外交事務中都應當特別注意。

二、與同事、熟人、朋友交往時眼神的運用技巧。

（一）與個別人交談。與個別人進行交談時，肯定要有目光交流。目視對方的時間約為談話時間的一半左右。個別交談時，一定要注意不要自始至終對視，那樣會使雙方都處於緊張、不自然的狀態。但應經常有目光交流，如見面握手、問候時，眼睛要親切、熱情的望著對方；對談話內容感興趣時，可以看著對方；談到融洽時，應有目光對流；中途想插話、打斷話題或提問時，可用目光示意；對方突然改變態度、改變聲調時，可用目光的對視尋找答案；談話結束、握手道別時要有目光表示。那麼，個別交談中眼睛不看對方時應望著何處才顯得自然得體呢？可以在以對方頭部為中心的一平方公尺範圍內虛視，即似看非看、視而不見。這樣做既不失禮貌，又不會分散聽話時的精力，還可以緩解與上級交談時的緊張心理。

個別交談時的目光還應注意依據內容的變化而變化。如詢問對方身體狀況及家人近況時用關切的目光；徵詢對方意見時用期待的目光；在對方表示了支持、合作的意向時用喜悅的目光；對方帶來出乎意料的好消息時用驚喜的目光。總之，應最大限度的調動眼神的表現力，創造一個最佳的交際氣氛。

（二）小範圍交談。小範圍交談一般指幾個人、十幾個人之間的交談。在社交活動中，這種交談形式也很多，如小組討論會、小型座談會、小型宴會、小型茶會等。在這些場合，由於一個人不可能和在場的其他所有人都有對話機會，因而就要運用目光與在場的所有人溝通、聯繫，不讓其中任何一個人感到受了冷落。如：小型宴會上，當主人介紹同席賓客時，客人間可用目光互致問候；在小型會議上發言時，目光要顧及所有聽眾：時而環視聽眾席，時而和個別聽者交流目光，時而虛視某一點，這樣可使聽眾感到你是在對他們所有的人講話。

（三）在大場合講話。大場合指的是空間較大、人數較多、一個人講而其他人聽的場合，如演講、主管致辭以及新聞發布會上回答記者提問等。在這種場合，目光要發揮控制會場、調動聽眾情緒、收集回饋資訊等作用。如進行演講時，演講者走上台，開講之前，先用自信、親切的目光環視會場，這樣既和聽眾進行了感情交流，又讓聽眾預感到你的實力。演講時，演講人發現會場某一部分聽眾傾聽很專注，反應很敏銳，他會用目光與這個小群體頻頻對視，互相交流。當然也不能只注意與這部分人交流，而冷落了另一些聽眾。演講時，演講人的目光切不可東張西望、漫無目標，那樣，即使演講內容再生動，也難以達到與聽眾交流和溝通的效果。

手勢的運用技巧

手勢無論是在交談、談判還是演講，使用的頻率都很高，範圍很廣泛。手勢能輔助有聲語言表情達意，又可以展示個性風度，在「體語」大本營中，它是一個引人注目的「角色」。

按動作意義的不同，手勢可分為：拱手、招手、揮手、擺手、搖手、握手等動作；按作用的不同，手勢可分為如下四種：

(一)情緒性手勢。

即用手勢表達思想情感。比如：高興時拍手稱快，悲痛時捶打胸脯，憤怒時揮舞拳頭，悔恨時敲打前額，猶豫時撫摸鼻子，急躁時雙手相搓；而用手摸後腦勺則表示尷尬、為難或不好意思，雙手插腰表示挑戰、示威、自豪，雙手攤開表示真誠、坦然或無可奈何，揚起巴掌用力往下砍或往外推，常常表示堅決果斷的態度、決心或強調某一說詞。情緒性手勢是說話者內在情感和態度的自然流露，往往和表露出來的情緒緊密結合，鮮明突出，生動具體，能給聽者留下深刻的印象。

(二)表意性手勢。

即用手勢表明具體內容，表達特定含義。多數是約定俗成的一些手勢，含義明確。

如：招手，表示讓對方過來；擺手，表示不要或禁止；揮手，表示再見或致意；豎大拇指，表示第一或讚美；伸小指，表示最小或蔑視；用手指指自己的胸口，表示談論的是自己或跟自己有關的事情；伸出一隻手指向某個座位，是示意對方在該處就座等。手勢的表意動作也屬於人的一種自覺動作，但也有特定場合、特殊情況下的手勢表意，如聾啞人的啞語主要透過手勢表意，還有交通指揮、體育裁判等，在這些公開場合，語言不便使用，人們往往借助手勢表示特定的含義。

（三）象形性手勢。

即用手勢來摹形狀物。如說東西很大時，用雙手合成一個大圓，說某人個子很矮時手板往下一壓等等。象形性手勢能使所表達的內容更形象，更生動。

（四）象徵性手勢。

即用手勢表達某一抽象的事物或概念。如說「把革命進行到底」時，手掌用力向前方劈去；說「迎接更加美好的明天」時，張開雙臂，徐徐向前；說「我們勝利了」時，雙手握拳，用力向上揮動；說「必須堅決制止這種行為」時，做一個用手下砍的動作等等。

一方要善於從另一方手的動作來猜測和判斷對方的心理，以便作出針對性的反應。例如：搓手掌往往是人們用來表示對某一事情結局的一種急切期待的心理，也就是說，當人們對某事的未來結果有一定成功的把握，或是期待著成功的結果，或者在一種不知

如何是好而且又急切盼望盡快知道結果的情況下，手掌所流露出來的是一種期待信號。再如，一些自信的佼佼者經常採用一種塔尖式手勢，即兩手伸直，兩手的五個指尖併攏，放在胸前，以這種手勢顯示他們的高傲情緒。相反，在一些面談或談話過程中，如果一個人雙手相握，或者不斷玩弄手指，那麼，他就會使對方感覺到他這個人缺乏自信心，或者顯得十分緊張。還有，一個人說謊時，會不由自主的捂住嘴、捂住耳朵或用手蒙住眼睛，後悔自責時會用手搓後脖梗或拍拍前額等等。總之，要善於觀察對方的這些手勢，明確其特定含義，從而掌握主動權。

第二章　能說會道，抓住聽眾的注意力

公開演說的機會很多人都有，但為什麼有的人講話平平淡淡，而有的人講話卻能引起聽眾的巨大反響？這裡面最大的區別莫過於能否抓住聽眾的注意力。俗話說：「話不投機半句多」。別指望別人會有足夠的耐心仔細聽你講下去，你必須一開始就引起聽眾的興趣，針對他們的心理需求發言。只有打動了聽眾，引起他們的共鳴，你才有機會把你講話的主旨傳遞給他們。要尊重你的聽眾，了解他們的想法，只有這樣，你才能說服他們。

一、聽眾興趣是你講話的方向

公開演說時最重要的是什麼?是一開始就立刻抓住聽眾的興趣。在資訊時代的聽眾已經今非昔比，他們會用心去聽自己感興趣的內容，他們會在最短的時間內決定是否繼續聽你說下去。所以，你就應當預先知道你怎麼去開始講話，不要多說一句無用的話。

明確公開演說的動機

人們之所以要講話，總是有一定的目的性的，正如人們拿起工具總是有目的一樣，沒有動機的講話是很少存在的，只是不同的人所說的不同的話的動機正確與否、高雅與否各不相同而已。所以，在你講話之前心中必須樹立明確的動機。

公開演說成功與否完全可以從現場和直覺效果反映出來，例如聽眾的表情和情緒等因素。他們或者捧腹大笑，或者義憤填膺，或者歡呼雀躍，或者淚水橫流，或者高呼口號，或者掌聲雷動，如果出現相對的效果就表明講話目的符合了聽眾的實用目的，引起了共鳴。但是現場的效果僅是表面的，你講話的關鍵是講話的內容必須打動聽眾的心靈。

當然，聽眾是無數個個體的集合。由於他們年齡、性別、文化程度、興趣、職業等不同，每個人的心理需求也各不相同。比如：林肯解放黑奴的演講，聽眾有擁護的，也有反對的，可見其目的根本不同。即使目的都一樣的聽眾，對同一內容的演講也往往各取所需。但從總體上說，明確的講話動機和聽眾個體實用目的是一致的，緊密相連而又互為展現的。

幽默並不能夠勉強

在公開演說的過程中，幽默的確是引起聽眾興趣的好方法，但你要想在你的講話中使用它卻並不容易。

一個舞台上的演員，如果他對現場的觀眾說幾則自以為幽默而實際上是乏味的笑話時，他就有可能會尷尬下台。當然講台下的聽眾相對比較文雅一些，他們比較具有同情心，但是他們雖然被同情心驅使著勉強表面上克制著，不會對講話者發出笑聲，但在他們的心裡卻不禁在替講話者可憐他的失敗。

沒有比引起聽眾高興得發笑更為困難了。在語言的藝術中，幽默是一種十分微妙的事，它和一個人的個性有著密不可分的關係。有的人生來就有這種天才，但有的人卻沒有。要想讓一個沒有幽默天才的人，勉強裝得幽默，正如一個黑眼睛的人想把他的眼睛改成藍色一般不可能。

如果你想要透過幽默來吸引聽眾的注意力，提高自己的說話水準，那你要記著，很多笑話的趣味性，很少含在笑話的本身裡，所以能夠成為有趣，完全得看講笑話的人是怎樣說法。據說當年林肯在伊利諾州的時候講了幾則笑話，引起了人們跑了很遠的路來聽，甚至坐了一整夜而不倦。據當時的目擊者談，時常有人笑著從椅子上倒下來。這裡有一篇故事，就是當年林肯常常講述的，而且每次都要博得不少的喝彩，你不妨獨自試讀一遍，看看能不能使你自己大笑起來：

> 有一個旅客，正穿過十分泥濘難行的伊利諾州的草原回到自己的家裡去，在半路上，他忽然遇到了暴風雨。天黑如墨，大雨傾盆，好像天上的河堤決了口一樣；隆隆的雷聲從濃濃的烏雲中發出，宛如火藥庫的爆發一樣，接二連三的閃電照耀著草原，露出許多被大雨摧折了的樹木。雷聲越作越響，震耳欲聾，最後，他突然被一個巨大而更可怕的雷聲，嚇得跪倒地上。這個旅客平常是一向不祈禱的，然而在這時候，他卻喘息著說：「啊！上帝啊！如果雷聲和閃電在你那是一樣的，那麼，請你多給我一些光亮和閃電，少給我一些可怕的雷聲吧！」

其實，在講話中讓聽眾發笑最簡便的方法就是講一些關於你本人可笑的事件，如果你把自己說得十分可笑而又裝得好像有點發窘。那時聽眾的心裡，恰如我們見到一個人被一片果皮滑了一跤，或一個人正在拚命追趕他被風揭去的帽子一般覺得十分可笑。

請看美國一位政治家在講話時是如何逗引聽眾大笑的，他所講的並不是編造出來的故事，而是他自己過去的經歷，並且用一種相對戲謔的口吻，來指出他的矛盾。

各位女士，各位先生們。我在年輕的時候，一直嚮往在南非，當時的我是一名記者，常常替一家報社採訪刑事新聞。這工作非常有趣，因為它可以使我有機會去認識一些偽造貨幣者、盜賊和殺人犯，以及這一類富有冒險精神的幹才。

當我採訪到他們被審判的情形後，我還要到監獄裡去，去拜望一下我們那些正在受罪的朋友，我記得，有一位因為殺人而被判無期徒刑的人，他是一位絕頂聰明而善於說話的青年，他告訴我他認為是一生中最重要的話：「我覺得一個人如果一失足跌入罪惡的深淵裡，他一定不得不向我們請求援助和人道的保護，那麼試問在座的諸位，我們該不該幫他一臂之力呢？」

要想在公開演說的時候運用幽默，你就要確認自己是否真有幽默的天賦，如果有。你就應該努力培養你的這份天賦，使你在公開演說的時候能夠加倍的受人歡迎。但是，如果你的天才不屬於這方面，那麼，你硬要去求幽默，那就會「東施效顰」弄巧成拙了。

不說無價值的話

當中講話必須有的放矢，任何空話、廢話都無法達到真正的共鳴。這就要求我們在

說話的時候注重內涵，不說那些無價值的話。

聽眾的興趣在於那些與自身利益相關的事物。所以，講話之前必須要清楚的了解你要表達些什麼。某著名企業家老闆就清楚的表達了自己對企業發展的擔憂。

公司所有員工是否考慮過，如果有一天，公司銷售額下滑、利潤下滑甚至會破產，我們怎麼辦？我們公司的太平時間太長了，在和平時期升的官太多了，這也許就是我們的災難。鐵達尼號也是在一片歡呼聲中出海。而且我相信，這一天一定會到來。面對這樣的未來，我們怎樣來處理，我們是不是思考過？我們好多員工盲目自豪，盲目樂觀，如果想過的人太少，也許就快來臨了。

居安思危，不是危言聳聽。

我到德國考察時，看到第二次世界大戰後德國恢復得這麼快，當時很感動。當時他們的工人團結起來，提出要降薪水，不增加薪水，從而加快經濟建設，所以戰後德國經濟成長很快。如果公司的危機真到來了，是不是員工薪水減一半，大家靠一點白菜、南瓜過日子，就能行？或者我們裁掉一半人是否就能救公司？如果是這樣就行的話，危險就不危險了。因為，危險一過去，我們可以逐步將薪水補回來，或者銷售成長，將被迫裁掉的人請回來，這算不了什麼危機。如果兩者同時都進行，都不能挽救公司，想過沒有？

十年來我天天思考的都是失敗，對成功視而不見，也沒有什麼榮譽感、自豪感，而是危機感。也許是這樣才存活了十年。我們大家要一起來想，怎樣才能活下去，也許才能存活得久一些。失敗這一天一定會到來，大家要準備迎接，這是我從不動搖的看法，這是歷史規律。

公司老喊狼來了，喊多了，大家有些不信，但狼真的會來。今年我們要廣泛展開對危機的討論，討論公司有什麼危機、你的部門有什麼危機、你的流程的哪一點有什麼危機。還能改進嗎？還能提高人均效益嗎？如果討論清楚，那我們可能就不死，就延續了我們的生命。怎樣提高管理效率，我們每年都寫了一些管理要點，這些要點能不能對你的工作有些改進，如果能改進一點，我們就前進了。

講話的目的是給聽眾傳達自己的主張，如果整篇發言都是一些沒有價值的話，就無法達到講話的效果。因此，說話之前我們必須仔細衡量自己要表達的內容，提高說話的「含金量」。

講話材料的選擇

公開演說最好只有一個主題，這是由講話的特定情景性和時間性所決定的。在一個有限的時段內，完全借助於語言、手勢等向聽眾講明一個問題或道理，同時又要說服聽

眾，就要求在講話時選取的材料一定要突出主題、觀點鮮明。

生活在大陸這個都市，真是讓人煩惱，竟然吃不到豬肉。並不是沒有供應，而是豬肉基本上都注水了，不管是早市，還是大型的超市，不管是不是品牌。用手指一黏，沒有一點豬油的黏性，肉買回家，想炒個肉片，卻成了水煮肉。

我們經常看到相關政府部門採取措施的報導，但是沒有用，為此政府也想了很多的辦法，有嚴格的屠宰、檢疫規定，但是還是沒有用。

小時候，家裡窮，每年只有春節和端午節可以吃肉，大了，依然覺得吃肉是件享受的事情。出於個人的私利考慮，我也在想辦法治理注水豬肉。我不能像記者那樣跟蹤報導問題，不能像政府機關的人，可以依仗職權去查。所以只能從總體上考慮問題，以下是我的治理辦法。

方法一是改事前檢疫為事後檢疫

由生豬到豬肉，這個過程，我們相信應該有很多的檢疫過程，連在早市上賣的肉也都是蓋過章的，但是這些檢疫看樣子已經流於形式了，否則注水的豬肉不會這樣橫行。

事前檢疫容易造成權利尋租。檢疫人員對其檢疫的結果並不承擔任何的責任，而這個檢疫結果對某些人或公司又是必需的，那麼就很容易將這個結果拿去賣錢。

事前檢疫使注水豬肉合法。因為一切手續都是齊全的，注水豬肉就可以大搖大擺走進各大商場，追究起責任來，誰都沒有錯，打起官司來，顧客也不能勝訴。

既然事前檢疫達不到任何作用，反而會帶來負面的影響，那就撤銷掉好了，還可以為納稅人減輕一些稅賦，減少政府機關腐敗的機率。

方法二是增加懲罰性賠償

往豬肉裡注水其實目的很簡單，就是將水灌到肉價，無非是多賺幾塊錢。為了幾塊錢而將眾多消費者的生命健康不顧，是因為他們不需要為此承擔任何的責任。那麼我們治理起來也就簡單了，「加大處罰的力度，讓他們得不償失」，這種賠償是延及生產者和銷售者的，也就是說商場也要承擔責任的，像國外那樣動輒是數百萬的賠償。

任何消費者，不管他是不是知假買假，如果發現豬肉裡有注水，都有權主張權利。透過訴訟，他們可以獲得高額的賠償，消費者會積極主張自己的權利。

這個主張權利的過程，沒有任何以權謀私的空間，解決的過程將是公正的。你說豬肉注水了，就要提供證據，消費者自行去找檢驗機構，因為不存在任何利害關係，檢驗結果會公正，主張權利透過的是司法程序，這也是比較公正的。

整個治理框架中，政府行政機關不需要做任何事情，有效解放了他們「繁忙的公務」，所有費用都由當事人自行承擔，有效節省了行政費用。

這樣的治理相信半年後，我們一定能吃到真正的放心肉了，如果還是吃不到，你可以將賣肉的商場起訴了。去鄉下買豬，自己找人屠宰，這總放心了吧。沒問題，你可以這樣做，因為獲得的賠償足夠你這樣折騰一輩子。

正如上文所示，講話材料的選擇要通俗，要選擇大多數人都知道的、聽得懂的，而不能選擇太生僻的、很少有人知道的。因為講話是一種即時表演，聽眾沒有時間去驗證或查找這些材料的內容或是出處。因此，在準備公開演說之前首先要了解聽眾的情況：他們是些什麼人，他們的思想狀況、文化程度、職業狀況如何，他們所關心的問題是什麼等等。掌握了聽眾的特徵和心理，在此基礎上恰當的選擇材料，組織材料，是講話成功的必要條件。

引用例子要具體形象

公開演說中引用例子解釋抽象的理論，不但生動有趣，而且淺顯易懂，易於聽眾接受。但引用例子時候，我們不僅需要那些廣為人知的事蹟，還需要具體形象的事例，特別需要那些發生在我們身邊的人和事。

真實的人和事往往能給聽眾帶來親切感，使他們產生情感共鳴，從而達到引人入勝的效果。下面這篇演講就充分做到了這一點。

有這樣一種力量，它可以使人在黑暗中不停止摸索，在失敗中不放棄奮鬥，在挫折中不忘卻追求。在它面前，天大的困難微不足道，無邊的艱險不足為奇。這種力量，就叫信念。

我國的列賓曾經說過：沒有原則的人是無用的人，沒有信念的人是空虛的廢物。就從我們古代說起吧：兩千多年前的漢朝著名史學家司馬遷，因「李陵事件」下獄，受了宮刑。應該說，人世間沒有比這更大的恥辱了。可是他沒有消沉，忍辱含垢，披肝瀝膽，專心著述整整十一年，終於寫成了《史記》那部五十二萬字的鴻篇巨著。這需要多麼大的毅力啊！假如他不是為了「究天下之際，通古今之變，成一家之言」，恐怕早就自盡身亡了。這就是信念的力量。

人生盡可信念不同，能夠為信念奮鬥終生，奉獻一切，那麼，就連他的敵人也會為他的人格肅然起敬。

從古說到今，讓我們再來說說自己身邊的人物吧！她，是一名女工程師，她像一顆耀眼的星星，在眾多璀璨閃耀的群星中熠熠發光。她，就是王豔。王豔大學畢業，一九九九年到公司工作。這十多年來，她曾經做過工程師、品管員、施工員、專案經理。每份工作她都做都兢兢業業，一絲不苟。力求把工作做得盡善盡美是她的信念。就拿王豔擔任舊城改造工程的專案經理這件事來說吧。這個工程是中國當年度市政府工程之一，施工難度大，壓力重。作為專案經理的王豔，精心組織人員，合理安排工序。在施工中，她始終把工程品質放在首位，嚴格按照施工組織設計的有關技術措施，反覆向專案部全體人員進行布置和交底，使每個成員做到胸有成竹。

工程一開工，王豔就日夜守在了工地上，每天晚上十點、十一點，有時甚至凌晨一兩點鐘才回家，成了一個名副其實的「都市夜歸人」。女專案經理如此敬業，令工地上的職工肅然起敬，於是用百倍的工作熱情來表達對她的敬佩之情。最後，舊城改造工程被評為優良工程，並獲得了市政府獎勵。正是因為王豔心中有著堅定的信念，她才能夠先後出色的完成工作，得到各級主管的好評。

在座的各位，聽著這一個個鮮活的事例，您感受到信念的力量了嗎？當然，我們二十一世紀的青年，應該比前人有更高的奮鬥目標，更美好的理想，更堅定的信念。我們應該像他們那樣，完成時代賦予的使命，肩負起我們事業的未來。

要知道聽眾不是來聽課的。就多數人而言，真實的人和事往往更能吸引他們的注意力。如果我們給他們舉兩個身邊發生的真實的故事，他們聽起來會更加專注，使你的講話達到更好的效果。

二、針對聽眾的心理需求發言

什麼才是成功的講話？自然是說者盡其聲，聽者領其意。要想你的當眾發言取得良好的效果，就必須知道聽眾們想什麼，要什麼，按照他們的心理需求來發言。避開那些受爭議的話題，從如何打動聽眾著手，把話說到他們心裡去，自然會引起他們的共鳴。

讓聽眾受暗示的影響

公開演說除了透過直截了當的表述自己的觀點外，還可以透過暗示的方式，使聽眾在潛意識裡接受你的主張。

美國哈佛大學的羅斯·特里爾博士說：「當我們將一種思想輸入他人腦中後，若沒有引起相反的意見，就是那人相信它是真實可靠的證據，毋須再把那個意見的真實性說服他人。」

比如說，有人在討論會上說：「某公司所造的汽車輪胎品質都很不錯。」聽眾心裡若不曾生出和此相反的意見，那麼，大家必然是已經相信某公司的汽車輪胎都是好的，自然也不必再做什麼證明了。」這真是一個十分重要的心理學上的發現。一切當眾的講話都可以用得著。

西元前三百多年，希臘大哲學家亞里斯多德說：「人是有理性的動物——他的行動是很具邏輯的。」其實他把我們誇獎得太過度了，我們的行動，完全合乎純粹的理性是少有的，多半還是由外界的建議和暗示而產生的。

暗示的功用，是不必提出什麼證據。而使人心裡接受一種意見，比方有人對你說「鋼是硬的」時，我盡可不必加以證明，因為我只是表達你一個事實罷了。當眾會說話的人，他們常用提示的方式來提點聽眾，造成比用辯論方式更佳的結果。

人們相信一件事常比懷疑一件事容易。因為你對於某事發生懷疑，必須先對該事有相當的經驗、了解和考慮過。比如下篇針對房價的演講就充分表明了這一點。

買股票最壞的可能性是持有的股票不值分文，但股票價格永遠不會小於零。股市泡沫的擠除，損失由幾千萬股民來分擔，對社會、對經濟並沒有太大的影響。而商品房泡沫的擠除，其結果就不一樣了，現在買房子基本靠銀行貸款，當房價下跌到房屋的市值低於欠銀行的貸款時，買房人一定選擇不還貸款，這樣的結局是買房子人以前支付的血汗錢化為烏有，銀行也面臨倒閉，由此引發的金融危機將是可怕的。東南亞經濟危機時，這樣的悲劇就發生在我們的身邊。

房價高低、漲跌本來是市場行為，應該由市場去評說，政府只需要營造一個理性的市場環境，把一切都攤在陽光下，就可以防止任何的黑箱操作，剩下的由讓購屋者自行去選擇。這樣政府和開發商不需要相互的指責，也少了大眾的質疑。

其實如果把我們深信的一切細加推究，結果大半是由於一種提示而沒有經過理智的推究。比方我們對於一些喜愛的料理，即使不是最好的，也會深信它是最好的。這深信的判斷，毫無理由可言，更沒有與別種牌子的貨品去比較過。這只是一種不合邏輯的武斷和偏見，我們所根據的只是從各方面得到的暗示罷了。

人是一種接受暗示的動物。如果我們生下不久，在搖籃裡就被印度人抱到印度去撫育了，我們長大起來，自然也會和一般的印度人一樣，從小就相信牛是神聖的，我們在街上碰到了牛，也會去對牛接吻而對之崇拜。

現在我們來舉一個十分平凡的例子，來證明我們每天是怎樣受著提示的影響。

你打算戒掉咖啡，你在踏進店後，心中早已打定這個主意。但如這時有一個並不高明的女服務生走來問你「你要咖啡嗎？」你至少將在心裡發生要和不要的衝突。雖然，結果也許仍是你的自制力得到勝利。但是她說：「你不要咖啡嗎？」你一定將毫不猶豫的立刻回答一個「不」字。真不知有多少不曾受過訓練的服務生，常常會對顧客說出這種愚昧不可及的反面的建議。最聰明的服務生，她常常這樣問：「你是現在要咖啡呢還是再等一會？」這結果，常使本來不想喝咖啡的你，不知不覺的說：「現在拿來吧。」原來她在這句問話中，已經表示你是一定要喝咖啡的只是遲早問題罷了。這樣一來你的心

中便不易生出相反的意見來。這類的情形作者基本是常常能碰到的，就是讀者也是常常有得碰到的；只要你仔細考察，可以看見這種情形，一天中不知要發生多少次。賽特商場訓練店員來叫他們對顧客說：「這東西你自己帶去嗎？」因為如果說：「你要不要我們把這東西為你送去？」結果，買主常會點頭稱：「好」，於是自己覺得減少許多送貨的費用了。

你曾否留心過，如果有人把一種主要的意見，用誠摯而容易令人感動的語氣對你說出來，你的心裡常常不易生出相反的意見。因此，如果你想感動聽眾，就得先感動你自己。那時你的精神，自會透過你的眼睛，你的聲音，而輸入聽眾們的心底裡。

避開有爭議的話題

我們時常可以看到在公開場合兩個人爭的滿臉通紅的場景。公開演說最忌諱的是引起爭論。無論你的觀點多麼明確，或者，你有信心堅持你是對的，都很難在爭論中取得最佳的講話效果。

有一位無神論的朋友，向基督教的一位傳教士說，上帝根本是不存在的。他不但這樣說了，而且還要求神學家提出反證的意見來。

神學家十分從容取出一支錶來，打開了錶蓋說道：「如果我告訴你，這錶裡的齒輪、發條等是它們自己生成的，自己湊在一處而且自己會動的，你當然會說我是在說夢話了。但是，你瞧上天的星星，它們各有固定的位置，各有行走的軌道，地球和太陽系的各行星繞著太陽轉，每天要走一百萬英里的路，每一個星球完全和太陽系一個樣子的，然而它們的運行，從不曾有了相碰、紊亂、紛擾，它們很安靜、有條不紊，請問你：『它們是自己生成的呢，還是有著造物者在主宰呢？』」

這段話說得多麼動聽！這位神學家所用的方法，不外開始用了和人家相同的立場，使人家說出一個「是」字。正像相信一支錶是有人製造是一樣的。假定，他一開頭就向對方用責備的口吻說：「什麼？沒有上帝，這真是個傻子，你自己也不明白你自己所講的是些什麼。」這樣，兩方面必定要發生一場嚴重的爭執，而那位主張無神論的朋友，一定越益固執他的觀點了。

人的天性，都以為尊嚴是很重要的，所以我們最聰明的辦法，就是讓人家保住尊嚴，而來贊同我們。很多會說話的人都是用了這個方法，使滿含敵意的聽眾比較容易接受他的意見，而不致損傷對方的自尊。他們很懂得這種心理上的微妙作用，在大多數的爭論中，都缺乏這種容易使他和人家攜手、並使他的意見深入人家心靈的堡壘。殊不知當爭論開始的時候，對方早已把你擺在對立面，即使你用盡方法也休想再去說服對方。

如何打動聽眾

要想在公開演說中打動聽眾，就必須對你的語言進行組織，用各種方法突出亮點，來引起他們的關注。通常的方法有以下幾種：

方法一，大小的比喻

運用想像的方法，可以使一個很大的數目，因為分配在長時間，且和日常某種微小的費用相比的緣故，所以看起來像是很小了。

某一個人壽保險公司的經理，對他的下屬講保險費的事情，他說：「假使有一位不到三十歲的人，自己刮臉，每天省下五分錢的刮臉費，存下作為保險費，他死後可以留給家屬一千元。假使有一位三十四歲的人他每天本來要抽兩角五分的香菸，現在，把這吸菸的錢省下來作為保險之後，不但可以多活若干年，死後還可以留給家屬三百元。」

在另一方面，用相反的步驟，把小數目加在一起，也叫以顯得是一個很大的數目。有一個電話公司的職員，曾把並不重要的一分鐘累積起來，用以去感動城鎮不肯立刻去接聽電話的人們。他說：「每一百個接電話的人內中總有七個人聽到鈴聲後要遲了一分鐘才拿聽筒答話，每天像這樣耗損的時間有一百萬分鐘」

方法二，用一點數字

數字的數量本身是沒有感動人的力量的，必須用實例來證明，最好用我們自己最近的經驗來證明。

一位演說家在巴黎市參議會演講關於勞工的情況，講到中途突然停了下來，取出他的錶，站在那裡眼看著聽眾有一分十二秒之久，坐在椅上的其他人員，都覺得奇怪，互相用驚奇的目光，望著演說家再望望身旁的每個聽講者。這是怎麼一回事？他忘掉了演講辭一時講不下去了嗎？不，他繼續再講的時候說：「諸位，方才大家都感到局促不安的七十二秒鐘的時間，就是每個工人造一塊磚頭所用的時間。」這方法有效力嗎？他竟使許多報紙，都登載了這段新聞。

你看下面的兩種說法，哪一種最有力？

「某大城市的四星級飯店，共有房間一萬五千多間。」

「四星級飯店的房間，如果讓一個人每天換住一間住了四十年還不曾完全住完。」

請讀下面兩種說法，看看哪一種給你的印象最深？

「在歐戰之中，英國用去約七十億金鎊或是美元三百四十億元。」

「你不會吃驚嗎？這次的歐洲大戰，英國耗去的金錢數目，等於一個人從哥倫布發現新大陸一直到現在，日夜不停的每分鐘用去六十八元。等於從西元一〇六六年諾曼第公爵征服英國一直到現在，日夜不停的每分鐘用去六十八元。等於耶穌誕生以來，日夜不停的每分鐘用去三十四元。換句話說，英國共用去三百四十億元，但是耶穌誕生到現在，還只有十億分鐘。」

方法三，適當重複

把一件事情重複申述，這也是把反對我們的意見和不能和我同意的意見加以阻止而不使發生的一種方法。要使大家能夠相信並且接受一種真理，只講一兩次甚或是十次是不會成功的。要使真理深印人心，必須要再三陳述。正如電視中常常播放的很多廣告那樣，把同樣的內容連續播放幾次。因為聽眾若是繼續聽那一件事，在不知不覺中就把那一件事靜靜的記在腦海中。

重複申述固然優點不少，但也是一個危險的工具。因為，它不是有十分豐富的不同的措辭，聽眾將會感到重複而討厭的，你這弱點被聽眾抓住了，他們將不能再安心坐著，時時要拿出錶來看看時間了。

方法四，一般與特殊置換

當你用一般的說明和特殊的例證的時候，聽眾很少會感覺討厭的。因為，這是有趣而容易引人注意的一種方法。可以幫助你阻止聽眾發生對你相反的意見。也許你會記起報紙上刊載事人華貴生活的記載，而對我這句話生出疑慮。所以我要使你相信，最好是舉出一些實例來。譬如把我親眼看見的生活說出來，才能使你發生和我同樣結論的可能。而且你也不會來問我「這話是從何說起的」了。舉出實事來讓人自己去求結論，比用現成結論的力量要多三五倍。

如何引起共鳴

公開演說不僅僅是你一個人的表演，更要透過與聽眾的交流來引起他們的共鳴。如果你想使聽眾對你的講話表示贊同，你首先要使聽眾對你相信，相信你是他們最好的忠誠的朋友，這是把你的意見轉達給他們的一條正確道路。只要有一天能夠做到這一點，就很容易在發言中引起他們的共鳴。

林肯在伊利諾州南部地方發表演講，當時該處人民野蠻異常，在公共場所也要攜帶利刃和手槍。他們對於反對奴隸制度的人們非常憤恨，有如他們愛飲威士忌酒和好鬥一樣。因此對林肯的演講，他們和那些從肯塔基和密蘇里兩地渡河而來的畜養黑奴的奴隸主們一同預備來搗亂一下。他們立下誓言，說林肯如在當地演講，他們立刻把這個主張解放黑奴的人驅逐出場，並把他置於死地。

這一個恫嚇林肯早已聽到了，同時他也知道這種緊張的情勢對他是十分危險的，但是他卻說：「只要他們肯給我一個略說幾句的機會，我們就可以熱烈的握手」。他那篇精

彩的演講廣為流傳：

伊利諾州的同鄉們，肯塔基州的同鄉們，密蘇里的同鄉們——聽說在場的人群中有些人要為難我，我實在不明白為什麼要這樣做？因為我也是一個和你們一樣爽直的平民，那我為什麼不能和你們一樣有著發表意見的權利呢？好朋友們，我並不是來干涉你們的人，我也是你們中間的一員。我生於肯塔基州，成長於伊利諾州，正和你們一樣是從艱苦的環境中掙扎出來的。我認識南伊利諾州的人和肯塔基州的人，也想認識密蘇里的人；因為我是他們中的一員，而他們也應該認識我比較更清楚一些。他們如果真的認識了我，他們就會知道我並不是做一些對他們不利的事情。同時他們也絕不再想對我做不利的事了。同鄉們，請不要做這樣的愚蠢的事，讓我們大家以朋友的態度來交往。我立志做一個世界上最謙和的人。絕不會去損害任何人，也絕不會干涉任何人。我現在誠懇對你們要求的只是求你們允許我說幾句話，並請你們靜心細聽。你們是勇敢而豪爽的，這一點要求我想一定不致遭到拒絕。現在讓我們誠懇討論這個嚴重的問題……

當他說話的時候，臉部的表情十分和善，聲音也深情而懇切，所以這婉轉而妥善的開頭，竟把將起的狂濤止息了，把敵對的仇恨平息了。大部分的人都變做了他的朋友，大部分的人都對他的演講大聲喝彩。後來他當選總統，據說由於那些粗魯群眾的熱烈支持，得力不少。

或許你會說：「的確十分有用，但我不是林肯，用不著去和一群帶著刀槍的莽漢說語。」不錯，但你可曾想過，你是否幾乎每天都在跟與你意見相反的人談話？你是否總在家中、辦公室或是市場上，設法使人贊同你的意見？你的方法要不要改善呢？你如何開始說話？是否表現林肯的機智？要是真是那樣，那你真是一位十分精幹的人了。大多數的人，他們並不去想旁人的意見和欲望，不去尋找人家的共同的心理，只管發洩他自己的見解罷了。

禁止在公共場合吸菸的演講有很多，可是，很多演講者在開頭都很魯莽的發表了一些容易引起爭端的言論。他一開口就說明他的堅決主張，竟無一些可以改變的餘地。同時又希望人家捨棄原有的主張而來贊同他。結果當然沒有一個人被他說服，因為他那魯莽激烈的開頭，就早已失去了別人對他的信任，他們早已準備好從各方面去反攻了。結果他的演講已加厚了他自己的主張的城牆，始終沒有得到人們的認同。

公開演說的時候，如果打算讓聽眾對你的講話產生共鳴是一件很困難的事。一位精明的演說家，在開頭的時候，就獲得了許多人說「是」，這就是他已抓住了聽眾的心理，完全在跟著他的語言行動了。

美國已故參議院議員安敦和哈佛大學校長羅威爾，他們在歐戰結束後不久，就一起到波士頓去辯論國際聯盟的問題。安敦感覺到大部分的聽眾，都對他的意見表示仇視，

可是他必定要使聽眾大家都贊同他的意見。這怎麼辦呢?他是採用了正面直接的方法來向聽眾進攻的嗎?不，他是一位極聰明的心理學家，他絕不肯去採用這樣的笨方法，他開始就應用了他技巧的機智和手段。

校長、諸位朋友、諸位先生、我的同胞們：

羅威爾校長給了我這一個機會，使我能夠在諸位面前說幾句話，十分榮幸，我們兩人是多年老友，而且都是信奉共和黨的人，他是我們享有最大榮譽的大學校長，是美國最重要、最有權威和地位的人。他是一位最優秀的政治學者和史學專家。現在，我們這個當前的重大問題，在方法上也許有所不同。然而，關於世界和平安全以及美國的幸福，那我們的目的還是一樣的。如果你們對我們有夠允許的話，我願意站在我本人的立場上來簡單的說幾句。我曾用簡明的英語，一次又一次的說了好多遍了，但是，有人對我有了誤解，說是有些十分高尚的人士，因為他們沒有注意到我的意義，以致發生了誤會，他們竟說我是反對國際聯盟組織的人。其實，我一點也不反對，我渴望著世界上一切自由的國家，大家都聯合起來，成為我們所謂的聯盟，法國人所說的協會。只要這個組織能夠真正聯合各國，各盡所能，爭取世界永久和平。

任你曾對演講者的意見有過怎樣激烈的反對，他用了這樣一個開頭來說，你聽了總得氣消些吧!你當然願意更多聽一些，你至少相信演講者他是正直的人。即使反對他最烈的人，也無法給他相背的意見。你在注意他怎樣稱頌聽眾的愛國熱忱，他稱聽眾為「我的同胞」。你再注意他怎樣縮小彼此意見相背的範圍，敏捷而鄭重的提出他們共同的思想。你再看，他怎樣讚美他的反對方，他怎樣堅持著說他們的不同點，只是方法上瑣碎的小枝節，而對於美國的幸福以及世界的和平諸大問題，他們的觀點是完全一樣的。他更進一步講，說他也贊成國際聯盟的組織是應該有的。

讓聽眾接受你的論點

在公開演說的過程中，如果和聽眾辯論起來絕不會改變聽眾的心情，反而使他們更加倔強起來，這是顯而易見的事。所以如果一開始你就說「我要證明這個」、「我要證明那個」絕非聰明的辦法，因為你的聽眾，一定將因此認為好像在對他們做近於挑戰的訓舌了，他們將自言自語的說：「我們瞧你的！」

如果一開始就著重在講些和你的聽眾意見相同的事件，然後再提出聽眾樂於解答的問題，那就便利得多了。你可以做得好像在和聽眾共同討論問題的答案，然後再把你觀察得十分透澈的事實提出來，引導聽眾在不知不覺中接受你的結論，並對你有十分堅定的信心。所以說，好的辯論必須猶如解說。

無論雙方的意見發生怎樣嚴重的衝突而不能接近，演講者多半可以找出一些相似點來互相討論。即使一位西方企業家來不同國家演講，他也可以找出一些相同點和大家共有的希望。你以為這是不可能的嗎？請看下面一位美國企業家的講話：

> 貧窮是社會上最殘酷的問題之一，我們美國人常常感覺到：不論在什麼時候，也不論在什麼地方，美國是個十分慷慨的國家，在歷史上無論哪一個民族都沒有像我們這樣慷慨的肯捐出錢來幫助人家，現在讓我們還照過去一樣的心情、慷慨和精神上的不自私，一同來研究一下我們工業界的生活情形。並且，我們再看一下，是不是能夠找出一些公平而正當的方法，可以使大家都能接受的，來防止和減輕貧窮的罪惡。

很顯然，他的觀點很難反駁。在開頭的幾句話，絕不可以隨意濫用，必須拿出一些站得住腳的話來才好。

「不自由，毋寧死！」這句很多人都知道的名言是西元一七七五年美國政治家派屈克．亨利所發表的那篇激烈著名演講的結尾。但卻很少有人知道亨利在進行這篇激烈而且造成歷史的演講時，態度十分和緩而謹慎。當時一般人都爭論著美洲殖民地是否應該脫離英國並對之宣戰的問題，一種燃燒著的情緒，激烈到了白熱化。但是，亨利在開始演講時，卻先稱譽著反對他們的人們的能力和愛國心。演講到了第二段，他又怎樣用問話的方式，讓聽眾和他一起思考，並且再讓聽眾去下結論。他演講的前面兩段是：

> 總統先生，剛才講話的幾位先生，你們那種愛國的熱忱和卓越的能力，我想不論什

麼人都能夠加以深刻的認識的。不過，一件事讓意見不同的人看起來，情形往往互異。所以，我所發表的意見，如果和你們發表的意見恰巧相反時，希望不要認為我是對你們不尊敬，那我才敢自由而毫不隱諱的講下去。現在我們並不是討論形式的時候，我們所討論的問題，關係我們國家的生死存亡，關係我們民族的自由或是成為奴隸。由於這問題的十分嚴重。我們實應有發表意見的絕對自由不可。我們唯有如此，才有發現真理的希望，才能盡我們對上帝和國家的責任。如果在這時候怕激怒他人而不敢把自己的意見表述出來，我以為這是犯了叛國的重罪，並且還不忠於上帝。

總統先生，一個人喜歡向好的地方去幻想，這是一件極自然的現象。他們情願在海神的歌聲中，由她把他們變成獸類而滅亡，卻不願看見一件悲哀的事實。但一個聰明機智而準備為自由而掙扎的人，也應該這樣做嗎？我們難道也願意做一個有目不能看、有耳不能聽的人群嗎？不，我自己就絕對不是這種人，我不管精神上受了怎樣的痛苦，非把整個真理認識清楚，非早些準備起來不可。

莎士比亞的名劇《凱撒大帝》，中間有一段是馬克・安東尼在葬凱撒時的演講，這是最圓潤而妥善的一個典型，是莎翁借了劇中人物所講的一篇最著名的演講。

在當時，凱撒是一位羅馬的獨裁者，所以難免政敵的妒忌，想把他推倒而奪他的大權。於是，在布魯塔斯和賈蘇斯的領導之下，有二十三人聯合起來把他刺死了。馬克・

安東尼曾做凱撒的國務大臣，而且是一位名作家兼名演說家，他在國家的政權力方面，可以完全代表政府，所以凱撒對之十分倚重。在凱撒遇刺了，暴徒對安東尼怎樣呢？也把他殺了？不，他們覺得流血已夠，再犧牲他也沒有什麼意思。倒不如把他拉到自己的陣線上來，借他偉大的勢力和動人的口才來加強自己的能力。這主張似乎很有理，於是他們就照此主張去試辦。他們找到了安東尼，為了要借他的幫助，所以還允許他對那位差不多統治全世界的人物的屍體說幾句話。

古羅馬市場的演講台前，躺著凱撒的屍體，瘋狂的群眾，大家都對布魯塔斯和賈蘇斯以及殺人犯表示同情，對那踏上講台的安東尼，反而怒氣衝天。安東尼的目的，想把崇敬布魯塔斯和賈蘇斯的人們反過來變成極度的憤恨，並且要煽惑平民暴動起來殺掉那些凶手。他舉起了雙手，全場喧嘩聲完全靜止了，於是，他開始演講。我們看，他的開端是怎樣的巧妙呢？他對那些殺人犯讚譽著：

「因為布魯塔斯是一位有榮譽的人。

他們都是的，都是有榮譽的人們——」

他不向群眾爭辯，他慢慢的細心的把凱撒的事蹟提出來，他說凱撒怎樣用戰俘贖身的錢來充實國庫，窮人號哭時，凱撒也流淚；凱撒怎樣的拒戴王冕，凱撒怎樣立遺囑，把私產作為公有。他提出了事實作成問題，讓群眾自己去下結論。他所提出的不是新證據，乃是群眾偶爾忘掉的：「所有要說的都是你們已經知道的事。」

安東尼用魔術式的口吻，激起了群眾的情緒，引起了群眾的憐憫，燃燒起群眾的憤怒。安東尼機智的言語使聽眾在不知不覺中接受了他的論點，最終為凱撒正名。

三、加強講話主題的鮮明性

正如美國著名演說家詹姆斯所說：「在一小時的演講中，只可以提出一個要點來解說。」公開演說必須主題明確，讓聽眾知道你要說些什麼，而不是聽完你的話還不知所云。講話的主題要讓聽眾聽得懂就必須盡量避免專業化的詞彙，越是形象化的主題越能給聽眾深刻的印象。

確定講話的目的

人與人之間的交流總是有其明確的目的性。公開演說，總是離不開下面四個要點：說明事理、說服聽眾而使人感動、得到行動、使人發生趣味。

現在，我們不妨舉幾個實例來證明：林肯對於機械很感興趣，他曾發明一種把擱淺在泥沙中的船隻舉起來的機器，而且還獲得了專利權。他在他的律師事務所附近的一家機械廠中製造模型，這設計結果最後是失敗了，但他依舊很熱心的認為有成功的可能

的。如果有朋友到他的事務所中去看模型，他也不厭煩的向朋友說明事理，他的目的，就是要使朋友們能夠明白。

當林肯在蓋茲堡發表他那不朽的演講時，當林肯發表他就職第一次及第二次總統的演講時，林肯的主要目的，就是說服人而使人家感動。當然，要說服人家，而使人感動，他就應該講得十分清楚；但是，在這幾種情況之下，清楚並不是他的主要目的，他在和法官講話的時候，是希望得到有利的判斷；他在上政治活動的時候，是希望獲得較多的選舉票；換句話說，就是他的目的在得到他人的行動。還有他在當選總統的兩年前，預備了一篇關於科學的演講，目的是引起人家的興趣。這雖然不是他成功的傑作，但可證明他也用過這一種演講的目標。以下「關於『一元』官司的思考」就很明確的表明講話者的目的。

經常傳來有某人為「一元」而訴諸法庭的報導，從而引發當事人此舉是否合乎「投入產出」原則以及是否造成國家資源浪費的爭論。對此類問題應有另外幾種的視角：

第一，法治的建構依據之一，就是個人是自己利益的最好判斷者，制度的安排應以人的需求為中心。當個人感覺權利受到損害以後，他有權自主的選擇救濟權利的手段，他人不應在旁邊指手畫腳。

第二，權利原本是無價的，正如我們不可說某人的面子值多少錢，某女的貞操權可折算多少錢，但我們無法找到更有效的救濟被損害權利的手段以前，金錢補償就成為退而求其次的選擇之一。人在社會的角色是多方面的，人的需求也當然有許多種。一個事事做起來都要進行功利算計的人，其人生未免顯得太乏味。因此，當那些覺得「金錢誠可貴，尊嚴價更高」的人，憤而拿起維權的武器時，我們應毫不吝惜的送去鼓勵的掌聲。

第三，法律是用來制止紛爭的，道德是用來教化人類、培育情操的，這兩者對於一個社會來說，猶如車之兩輪，鳥之兩翼，缺一不可。因此，當犧牲眾人的生命去搶救一個落水兒童，當一個大學生為一個身心障礙者擋住車輪，當一個女研究生毅然嫁給一個農民，當一個富翁散盡家產去做慈善事業時，我們只會在心中油然升起一股敬意，而斷不會有他們的做法划不來的想法。為「一元」而打官司者，或許其行為沒有上述良好的動機，但其結果或許有相同的意義。甚至可以說，在一個文明的社會裡，一個人的行為只要對他人無害，其行為是否有意義也是一個不必追問的問題。

第四，在有些國家的社會裡，權利觀念和權利意識是極度缺乏的。因此即便那些為「一元」而打官司者，是喜歡「纏訴、濫訴」的刁民，但為了培育人們的權利意識，社會也需要對他們行為進行適度的容忍，這應該是一個社會為了實現正義和公平而不得不付出的代價。

第五，維權的手段是多途徑的，「打官司」是追求社會正義的最後一道門檻，也是成本最高的一道門檻。如果有更便利、更迅捷的途徑，維權者有必要理性的選擇其他途徑。

在表明講話目的時候，如果比較抽象，可以用適當的比喻。正如耶穌的門徒問為什麼講道的時候總是用比喻？耶穌說：「因為我所講的東西他們看不見、聽不到，我不用比喻，他們根本不會懂。」

當你對聽眾講些他們完全生疏的題材時，你能希望他們對你所講的比耶穌所講的更易了解嗎？當然，這不是容易的事。那我們該怎麼辦呢？請記住，耶穌碰到這樣情形時，他就努力設法把人家覺得生疏的東西，化成簡單而顯示一些形象，他用人所熟知的東西做比喻，把那生疏的事物形容得明明白白。

有名的英國物理學家羅伯講述原子的本質和面積，就是應用這一種方法。他對一群歐洲的聽眾說，一滴水中的原子，正像地中海的水滴一樣的多。這個例子舉得真是恰到好處。因為聽眾中有不少是從直布羅陀海峽經過地中海而到蘇伊士運河來的。所以極易對此了解。但他為了還要說得明白些，所以另外又作一個比喻說：「一滴水中的原子數，正像全地球上的草葉一樣的多。」

公開演說也可以應用這個原則。如果你要形容那金字塔的偉大，你要告訴聽眾有四五一英尺的高，然後你再用他們日常所見到的建築物來作比喻。你可以告訴他們塔底的面積，占著城內多少的街道和房屋。你不要對人家說這個有多少升，那個有多少桶，不妨說某種東西，多到可以裝滿這一個演講的大禮堂；你要說這個建築物的高，不妨說比這演講的大禮堂高多少倍，這不是比較更清楚嗎？

少說專用詞彙

如果你的職業是律師、醫生或是工程師一類屬於專門性質的，你公開演說的時候應該格外的小心，要避免專業的名詞，而且連普通的名詞還得加以詳細的解釋。很多場合，發言者都在這一點上得到了很慘的失敗。這些人只管說著專業名詞，對於聽眾的「不明白」，似乎完全不曾覺得，仍是滔滔不絕講下去。

有一個醫生，他在健康講座上說：「橫膈膜的呼吸，對於腹部的蠕動有很大的幫助，而且也很有助於健康的。」他這樣說了之後，立刻就去講別的話。

有位聽眾問他：「橫膈膜的呼吸和其他的呼吸有什麼不同？為什麼對身體特別有助益？還有，蠕動的動作是些什麼？」

這話使那醫生十分驚訝，於是他又重新解釋說：「橫膈膜是一層很薄的膜，它的位置是在胸部和腹部的中間，當你在做胸呼吸的時候，它的形狀正像一個覆著的臉盆；你做腹部的深呼吸的時候，它被空氣擠壓著，差不多由弧形而變成了平面。在這時候，你

可以感覺到你的胃壓迫著你的腰。所以，橫膈膜向下的壓力，摩擦並刺激到你腹腔上部的各種器官，像胃、肝、胰以及上腹部的神經網等。當你吐出空氣的時候，你的胃和各種上腹部的臟器被橫膈膜推了上去，這一個摩擦，是幫助你的排泄作用的。凡是消化不良以及便祕等疾病，大都可以由橫膈膜的呼吸練習而消除的。」

由此可見，講話者認為聽眾已經聽懂了，但實際上只是他的錯覺，聽眾對他所說的根本就不了解。

很多時候，講話者本身並不注意到所說的過於專業化。如果你想知道自己所說的內容是否太專業化，不妨從聽眾中去選一個像是最沒知識的人，使他對你講的話感到興趣。這是一種十分有益的練習，要達到這一個令那最無知識的人感到興味的目的，你只有用清楚的字句來講明事實和解釋道理才能有效。更好的方法，就是把你的談話集中在和那父母同來的小孩子身上，你所講的話要簡單明白，使孩子們都能夠了解，並且使得散會之後，小孩子們還能說出你所講過的話。

讓聽眾聽得懂

讓聽眾聽得懂，是明確表達講話者當眾發言所說主題的根本。這就要求你在發言的內容上下工夫，以最簡單明瞭的話，傳播你的想法，展現你的主張。

林肯對於他自己的意見或是提議，必須要使不論誰都能夠十分清楚明白，這是他的一種習慣。有一次，他對同事解釋他為什麼喜歡用通俗平易的文字的理由，他說：「在回憶中，記得我小的時候，如果有人對我講話而我不懂，我就常常的生氣。在我的一生中，我再不能想起別的什麼能夠使我更生氣的了。我還記得當我聽鄰居和父親談了一夜的話以後，我回到寢室中，花了不少的時光去想他們所談的我不明白的地方。當我要思索一件事的時候，即使我想去睡了，也是睡不著，必把那件事想出之後才能入睡。但是，即使想出了，還不能認為滿足，還得再三的思考，把這件事用通俗平易的字句講出來，使不論哪一個孩子聽了都能夠明白，這差不多成為我的一種嗜好了，至今還是一樣。」

為什麼很多人在發言的時候大都不能把一件最普通的事理說得十分明白易懂呢？這是因為他們所說的事情，連他們自己都模糊不清，好像一架攝影機，在煙霧中照不出清楚的相片一樣。要想聽眾聽得懂你的意思，不妨先讓自己試著理解一遍。比如下篇演講，演講者先自己了解要表達什麼意思，才能讓聽眾也能聽得懂。

向著成功努力的過程，乍看之下，就像一條黑漆的隧道，望不到頭，比如高三畢業班的學生，每天有做不完的作業，忙不完的事，睡不夠的覺，許多人每天都要「懸梁刺骨」的挑燈夜戰，每天在「兩點一線」之間勞碌……一天天的生活就像影印機裡印出來的，一切都在重複。別忘了，太陽是新的！全新的，是一種最美的心境！

新的太陽，難道這不是一種希望嗎？每天都看見希望，就像是在黑口的夜裡看見曙光，難道這不是一種幸福嗎？是的，沉重的負擔壓得我們幾乎崩潰了，太高的期望將我們緊緊的釘在地上，但也許最沉重的負擔同時也是一種生活充實的象徵。

尼采說，受苦的人沒有悲觀的權力，所以我們不一定要向著勝利微笑，但面對暫時的困難，我們必須微笑，而且是會心動微笑。

埋首於邁向成功征途，是必須真真正正「埋」下去的，這段日子需要休沉下來，靜下心來，只有保持「心靜如水」的狀態，才能投入最後的衝刺。

我們好比是在搭乘一輛車前往目的地，沿途的風光很美，很誘人，但是你最好不要為了他們牽扯太多的精力，而要使目光一直朝著終點的方向看，如果忍不住跳下車去欣賞暫時的美景，這輛車就開走了，也許你會看到另一輛車，也許最後你同樣到達目的地，但那也不是你人生準點的時刻了。

人生在特定的階段有著特殊的使命。求學的階段，就是為實現人生目標邁出重要一步的時候，如果錯過這個機會，你將後悔莫及，所以狠下心，女孩子們暫且丟下那些漂亮的衣服和浪費時間的打扮，男孩子們拋開那誘人的漫畫和遊戲，放一放那一段遙不可及的「青蘋果」之戀吧！夏天不摘秋天的果，摘下來，食之不甜，棄之可惜，所以還是等到收穫的季節裡再去品嘗豐收的喜悅吧！

擱置一下與前進無關的心事，抬頭望天，用心靈看世界，因為太陽常新。輕輕對自己說：「如果沒有我，世界將少一個人欣賞這美麗的太陽。」就是這樣一種心境，讓你始終把精彩留給自己！

春天，鳥語花香，微風拂面；夏天，百花開放，蝴蝶飛舞；秋天，天高雲淡，紅葉似火；冬天，寒風刺骨，白雪皚皚；無論寒來暑往，春夏秋冬，太陽照常升起……

知足者常樂，不知足者常進，很少有人能知道需付出多少努力才能實現心中的夢想，我們只能不斷前進、前進，再前進，「一萬年太久我們只爭朝夕」！

只爭朝夕，在你茫然的時候；只爭朝夕，在你沮喪的時候；只爭朝夕，在你懶散的時候，只爭朝夕，在你還擁有夢想的時候；太陽每天都是新的，生活永遠充滿希望，現在就開始吧，把握每個瞬間，不要再猶豫！

正如要想說服別人，首先要先說服自己一樣。只有你說的話自己先懂了，才能讓別人也聽得懂。

讓主題更加形象化

通常情況下，眼睛看見所給我們的印象遠較耳朵聽見的深。科學證明，刺激我們眼

睛而引起注意的事物，比刺激耳朵所引起的注意要多二十五倍。所以如果你希望你的講話能使聽眾明白，你最好把要點十分生動的描繪出來。把你的意見，形容出一個具體形象來給聽眾「看到畫面」。

美國石油大王洛克菲勒曾做過一篇演講，述說他怎樣應用視覺得方法，把科羅拉多州的經濟狀況解說清楚了：「我發覺科羅拉多州煤鐵公司的員工們，都在想像洛克菲勒的家裡曾經從公司榨取了很多的利益。我有解釋給他們確實的情況，並且明白的告訴他們，我們和該煤鐵公司發生關係的十四年中，對於普通股東未曾發一分錢的紅利。有一次，我們在開會的時候，我拿一些錢放在桌上，然後撥開一部分，表示我們支出薪資的實數，因為公司支出的第一項便是薪資。其次我又撥出一部分錢，表示職員薪資的支出數目，所剩下來的，算是經理和董事們的報酬，這樣，就沒有錢分給股東們的了。於是我又說：『諸位，你們要知道，本公司是由你、我、員工理事以及股東四方面合股經營的，現在我們三方面多少得到了一些報酬，而股東方面不曾得到分文，這是不是可以稱為公平的？』我解釋完了，接著有一個工人站起來發表演講，要求增加薪資，因此我就問他：『股東未得分文，你卻要求增加薪資，這也算公平的嗎？』他承認有些不公平，以後我便不再聽到要求增加薪資的事了。」

用視覺來視察的實物，必須說得確定，而且把心中的圖畫，描繪得像在落日前看壯麗的湖景一樣的清楚。比方我們說一隻「狗」，雖然可以立刻叫人家想像到那是一隻動物，但是，這究竟是一隻哈巴狗或是其他品種的什麼狗呢？我們說「這是一隻雪白的小哈巴狗」這不是更清楚而引人注意嗎？

如果無法引用直覺的事物來幫助講話者宣明主題，不妨使用那些廣為人知的事情來使主題更加具體形象化，看下面這篇演講。

公開演說時不能單靠言辭去使聽眾了解，必須把聽眾的注意力抓住。形象化的具體事例比空口說白話易於說服聽眾，也能發生很大的效力。因為它不但可引人注意，使人感到興味，並且可使我們的意思，格外使人易於了解。

讓聽眾徹底了解

很多公開演說的場合，只有講話者自己明白自己說了些什麼，而聽眾未必能摸得著頭腦。因為理解一種新的觀念，很需要一些時間，並且必須集中整個注意力。所以為使人家徹底了解，必須反覆申說解釋，但是，不可以用一句完全相同的話，免得聽眾反感。最好用幾種不同措辭，改換幾種說法，你的聽眾就不會當你重複了。正如下面這篇演講：

曾經有一位叱吒風雲的帝王，在他歷經南征北戰而最終傲視天下的時候，卻長歎著發出這樣的呼喚：大風起兮雲飛揚，威家海內兮歸故鄉，安得猛士兮守四方。是啊，不得猛士守四方，我們就要忍受圓明園中的烈火，不得猛士守四方，我們就要吞下城裡的殺戮。尤其在部隊面臨機械化，資訊化雙重轉變的今天，沒有高科技武裝起來的頭腦，沒有創新思維的新型軍事人才，我們就要再次遭受侮辱，遭受踐踏。

有人問：這樣的猛士何處尋，那麼我會告訴你說，那就是穿著一身翠綠戰袍，肩上扛著兩團火的我們。人民等待著我們去守護，然而要做到不辱使命又是何其的艱難。如果說軍事發展史是一條長河，那麼八十年前就是上游崇山峻嶺之間奔騰咆哮的河水，它以猛虎之勢，氣吞萬里，蕩滌著八萬里河山，然而今天的水之中游，水量更大，更易於航行，灌溉著更多的土地。水道中游，美得豐滿，美得深刻，這種美來源於大量的補給，要求更多的灌溉。

寶劍鋒從磨礪出，梅花香自苦寒來。如何才能把自己磨鍊成利劍，我們在思索在探求之中。忽然，我肩上的兩團火又在告訴我答案。

要想在世界軍事變革中立於不敗之地，就要有自主的創新的精神。創新是一個民族進步的靈魂，創新是一個國家興發達的不竭動力，創新推動了國防科技的長足進步，創新促進了我軍現代化建設的征程。波斯灣戰爭揭開了世界新軍事變革的序幕，新高科技廣泛應用與軍事領域，戰爭形態發生了翻天覆地得變化。空間戰、電子戰、深海作戰已不只是電影中的情節，然而對人才的需求也已經是迫不及待，日益壯大的軍事科研力量已經衝破重重限制，像一股奔騰的洪流，咆哮在二十一世紀。

我們的軍隊在乎喚著具有創新思維的新型軍事人才，高新技術的發展離不開創新，人才的培養離不開創新。在創新面前，我們毫不卑躬屈膝，我們要用智慧的火花敲開創新的大門，從中汲取智慧與甘露。敢於向墨守成規說不，勇於向平淡要珍奇，善於從尋常中標新立異，這是我們矢志不渝的理想。科大人求實進取的精神，已經成為戰線上的一座不朽的豐碑，作為科大的一員，在科學戰線上奮鬥，拚搏是時代賦予我們的使命。

強軍興國之路是如此的漫長，似乎沒有邊際，但我相信只要憑著堅定不移的信念，憑著不屈不撓的精神，定會向著目標一步步的邁進，只要我們在創新，在進步，那些鮮活清醇的音符就會不斷的從我們的生命之琴中溢淌而出，最終匯成那凱歌的旋律。

演講者用不同的方式表述了軍隊的歷史使命，從而使聽眾得到共鳴。

如果你自己還沒有明瞭講話的主題，你絕對無法令聽眾明瞭。反之，你對這個主題越是認識清楚，你把這個主題傳達到聽眾心裡也越是容易。反覆幾遍，聽眾自然會懂。

四、如何說服你的聽眾

公開演說的目的是讓聽眾了解你的觀點，接受你的主張。只有說服你的聽眾才能達到講話的目的。這就使得在講話的過程中要尊重聽眾，了解他們的想法，獲得他們的信任，感染了你的聽眾才會使你的講話更有震撼力。

尊重每一位聽眾

公開演說要使你的聽眾對你的意見能誠意的尊敬，是你講話的核心。在這裡，你應當用大部分的時間去講述。你用心預備的一切材料，在這裡是可以見到功效的。同時，也是你在事前缺乏預備而可以讓你出醜的。一個人只能應用他已經知道了的一切，因此他應十分明白而且迅速利用他的知識。

如果你對一個商業團體講述一些影響他們的話，那你不單單是給他們指教，同時還要讓他們來給你指教。你必須確實的探聽到他們的心中懷著怎樣的意見，不然，你即使講了半天，也不會講到題目的深處，你必須讓他們表達了他們的心意，答覆了他們的異議，那他們才能安心的聽著你講。

某集團的銷售部經理曾經用過這方法去順利的解決了一個難題。因為公司為成本關係而想略增售價，代理商和各商店的經理大都反對，因此柏特生就召集各地開會討論這事。他首先請各人提出反對的意見，那些反對的意見，正像驟雨一樣的向他射來，他就叫把這些意見一條一條的寫下來，共計得到了一百多條，因為時間已晚，所以宣布散會。明早繼續開會，他就用數字和事實把各人的意見一條一條的加以反駁，結果，大家對增價的建議毫無異議的默認了。

尊重聽眾展現在你要準備的材料，比實際要用著的應該多幾倍。如果你講話的時候，自己感覺到預備的材料豐富，你就可以放心直說而不致出醜了。下面這篇惠普大陸總裁的演講，就充分展現了尊重聽眾的重要性。

今年五月分開始，惠普公司正式進入了一個嶄新的階段，各位都非常關注惠普公司的一舉一動，可以說合併的成功使惠普的發展進入了一個新的階段，公司的規模、產品團隊的團隊，市場的位等方面都得到了顯著的提升。我們能夠透過今天的聚會，讓大家理解惠普公司對大陸市場的管理，進行客戶分享，汲取成功的經驗。同時，我們也希望能夠珍惜惠普董事會主席兼執行長卡莉女士訪問的機會，與各位面對面的交流，希望大家對惠普公司的發展有一個更全面的認識。堅定更加堅實的基礎。自一九八五年惠普公司成立以來，中國第一家中美合資的高科技企業，十七年來，我們取得的經驗，有了日新月異的發展。惠普在取得今天的成就，首先得益於政府的長期合作，十七年來，大陸惠普不僅全力配合各項政策，並對政策部門一系列的合作，建立緊密的關係，我們作為簽署合作計畫，大陸公司的IT管理軟體及相關的技術服務，建立更多獎學金，以及培養更多的專業技術人才。

惠普的軟體產品在大陸使用的同時，我們也非常重視在大陸產業發展的策略對社會的貢獻，這也是推動著企業文化，走向成功的重要精神之一。至今，我們已經在大陸設立了與世界同步的工廠，對實現強大的本地產業，我們希望透過這些組織，為推動大陸經濟的發展極具力量。同時，也充分利用了世界領先的外資公司，形成管理的發展，進入落成的軟體解決方案與開發中心，是惠普目前在全球事業的製造軟體中心之一。惠普研究部環境的軟體的超越是相當嚴格的，我們現在取得了決策，展現了我們推動大陸IT產業全面發展的嚮往，我們希望大陸能夠很有一些新的技術，能夠培養和造就更多成績的高科技人才。

惠普的成功也離不開眾多部門的支持和幫助，今天在座的很多來賓都是我們在產業方面的合作夥伴，也就是說，不僅關係到大陸的發展，也關係到諸位公司業務的發展。惠普公司的管理具有舉足輕重的意義，作為一個企業，能提高百分之三十，在這樣一個競爭環境、管理模式和管理手段都發生激烈變化的時代，我們說的採購有效的降低成本，能充分發展的平台。惠普公司一直都非常重視成本結構的優化，資訊產業已經進入大規模生產的時代，我們必須把有限的資源發揮到更大的效果，我們成功的推動業務，部門和全球的生產，在產品組合的同時，要最大的積聚力量，另一方面，我們成本同樣要以先進的資源鏈管理體系，與各供應商配合，在此要感謝各位供應商、合作部門大力的支持。

回顧過去的二〇〇二年是惠普發展歷史上變化最大的一年，那些全球IT產業持續低迷，而惠普與康柏合併，大陸惠普就取得了較為突出的成績。這些都讓我們看到了惠普強大的力量，我們得到了客戶跟合作夥伴的支持。來到了二〇〇三年，是眾志成城，網路聚會，在全球成長最快、最具潛力的IT產業，我們要向這個產品、人員、市場的位及合作夥伴，眾多的優勢要結合在一起，積聚力量，帶動IT產業的發展。此外，惠普公司合併後，惠普跟康柏之間有更多的機會以及更緊密的關係。同時，合併後的團隊要有更多的全球的合作，把更多的投資進入到大陸，提升大陸的在世界工廠的地位，推動大陸事業的整體發展。

最後，就目前正在開展的品品牌，對惠普科技、產業共用。不論是我們的客戶還是合作夥伴，在合作中演繹科技的產品，逐漸達成共用的目的。

尊重你的聽眾，你才能盡可能的消除彼此間的分歧，獲取他們的認同。從而獲得更佳的講話效果。

獲得聽眾對你的信任

公開演說必須獲得聽眾對你的信任，因為不是這樣，你所講的話便不會使他們相信。許多講話的失敗，就是在這一點。這也就是許多人在公開演說時不能發生影響的一個大原因。

要獲得聽眾的信任，最要緊的還是你自己先應該具有自信心，獲得信任的唯一要素是個性。

某大學演講班有一次請一位名人來演講，他講得十分流利，所以講完後大家都稱譽他。可是，他僅留下了一個敏慧的表面印象，不曾深刻到聽眾的心坎裡。同時，有一位保險公司的代表，他起來說話，雖然他的身材矮小，語言不大流利，有時還要一個字一個字很吃力的說出來。但是，在他那仁慈的目光和中肯的聲音之中，確有一種深切的誠意流露出來，所以聽眾對他的演講十分注意，對他有一種說不出的好感。

如果沒有極高的熱誠，那是公開演說很難成功。所以最主要的就是誠懇，深切而又純正的誠懇。不過，誠懇並不是自己說說的，自誇而自覺得誠懇，大都是虛偽而自欺欺人的。真正的誠懇，並不放在口頭，而是在講話的過程中極自然的流露出來。

在幾年之前，有一位聰明的演說家死了。當他在幼年的時候，所有人都對他有著很大的期望，預料他將來一定是有極大的成就的。誰知他死了，並不曾留下了一些可觀的成績。因為他把他的聰明誤用了，他只是注意怎樣可以使自己發財就怎樣的做著。他得不到真誠的名譽，所以他的事業完全失敗了。

林肯對人家向來是同情的，他和參議員道格拉斯辯論的時候，他的神情和言語都不及對方的漂亮，人家稱道格拉斯是「小偉人」，稱林肯是「誠實的亞伯」。道格拉斯是有著卓越的精神和活力、優美的個性的人，但他對真誠有一些欠缺。他常把智謀放到原則上去，使法理來遷就政策，所以結果他並沒有多大的成功。

在講話的時候，要有一些不加修正的風味，使每一個字句有一種誠懇的力量。讓聽眾能夠感覺到。正如下面這篇演講：

自覺是自身素養的展現，他博大、壯麗、崇高、豐滿、可靠，它可以使人嚮往，使人追求，使人明智，使人高尚，使人純潔和淨化，把人引向一個優美的境界。

自覺是我們為人處世，做好工作的力量源泉和保障，是一個公務員應該具備的基本素養。我們透過學習獲得知識，透過對知識的運用來開展工作，透過工作來反哺社會等等，無一不需要自覺。沒有自覺性的學習必將一無所獲，沒有自覺得工作會得過且過，失去原則，明哲保身，隨波逐流，一事無成。只有自重、自省、自警、自勵，尊重自己的人格，珍惜自己的名譽，提高政治上、思想道德上的自律，防微杜漸；面臨資產階級世界觀、人生觀、價值觀及腐朽生活方式的侵蝕，警鐘長鳴；鼓勵、激勵自己前進，自強不息，奮發向上，不滿足於現狀、不甘於平庸，不甘於中游，喊出辦公室的口號、打出辦公室的旗幟、展示辦公室的形象，做一流的工作，創一流的業績。

自覺理念的建立，是人生觀、世界觀的昇華。人們熱愛現實並且富於理想，尤其是在青年人意氣風發的黃金年代，樹立正確的人生觀與世界觀至關重要。一個人從啟蒙教育到獲得知識，豐富大腦，進而樹立人生觀與世界觀，「自覺」是第一位的。因為學習要有自律，這是自發行動的保障。法律規則、道德準則是規範社會生活的尺子，但更多的空間仍然需要社會成員的自覺遵守，自覺本身就是一種對規範的創造和發揚，沒有自覺意識的存在，我們就會消極的忍耐，被動的聽從，這樣人生是沒有特質的。人生留跡於天地之間，理應有點驚世之舉，卓爾不群的泰山睥睨群丘，汪洋恣肆的長江嘯傲百川，倚劍於長城上的秦皇漢武，在史冊的某一頁上雄視千秋。生命的長短無關緊要，緊要的是生命的品味。沒有一個人因為貪戀溫床而長生，過度的溺愛生命，只會使生命萎靡乏力。只有壯懷激烈、自覺奮發、敢於搏擊的人生才會永放光芒。

自覺成就未來。華麗的言辭代替不了理性的思考，詩意的浪漫無助於價值的昇華。「人是人的未來」，只有在自覺中不斷的超越，才能向著「成為你自己」的目標不斷奮進。奧斯特洛夫斯基在《鋼鐵是怎樣煉成的》一書裡寫過這樣一句話「人的一生可能燃燒，也可能腐朽。我不能腐朽，我願意燃燒起來。」燃燒的精神就在於全身心自覺無私的奉獻！只有自覺無私的奉獻，才能在奉獻的過程中找到自己的人生座標，才能熱情關心千百萬人民的冷暖疾苦，才能在為人民服務的無私奉獻中燃燒自己，才能最終在人民心中找對自己的位置。

自覺是成功的引擎，是成就的需要。我將時刻自覺自勉，在學習、生活前進的過程中不斷深化自覺、創新自覺，讓自覺成為人生不朽的指南。

同事們，讓我們凝聚在一起，用自覺為大家庭結成信念不倒的圍牆。讓我們攜起手來，用青春和熱血鑄就大自我、大家庭永久的輝煌！

獲得聽眾對你的信任，還要求講話者有足夠的經驗。如果你提出來的意見，可以讓人家來質問：「你的談話，只是現學現賣而完全從書本上看來的」，那你肯定要失敗的。但是，如果講述你自己的經驗，那是一種真誠的力量和可靠的特質，而且也是聽眾所最歡迎的，那他們就會對你很信任，你就獲得了成功。

了解聽眾的想法

聽眾的基本想法是什麼？如果能夠知道並應用這想法能大大提升公開演說的效果。

在人們的欲望中，比想獲得金錢的動機還要強烈的那是「自衛的欲望」。因此，用「健全自己」來作號召，是一個最好的引誘，人們來參加比賽的方法。例如：某城市的宣傳，就是該城處處地方適合衛生食品公司宣傳著的出品、純潔而又能增強體力。牛奶廠說他的牛奶衛生消毒而富有維他命；藥商宣傳著他的祕方能治百病；宣傳戒菸的人說吸菸足以殺身的，這樣的宣傳，足以引起我們愛護生命的一種欲望，而想用物質的力量加以挽救。

還有，就是讓別人讚譽他們自己，使自己受有欽佩，自己感到光榮。這是有人認為比金錢的欲望更為重要的。

有一位政治家曾公開的對人說，在所有的講話之中，凡是可以作為號召的理由，再也沒有比用光榮和利益的號召更有效了。林肯曾經用光榮的號召動機而進行訴訟得到了勝利。

在西元一八四九年塔茲衛爾的鄉鎮法庭上，有姓薛的兄弟兩人，他們向開斯君買進了一塊田和四頭牛。這兄弟兩人雖未達成年，但開斯君倒很誠實，把這些東西向他們只收二美元的代價。

後來，到了取款的日期，開斯君不但收不到分文，而且還當場受到了譏笑，因此他就把這一件事請林肯律師代向法庭起訴。開庭的一天，薛姓兄弟辯稱他們還不到法定年齡，所以訂立的契約在法律上是無效的。這在原告方面當然也很明白。

林肯起立辯論，也承認他們未到法定年齡而訂立的契約無效，他說：「諸君，我承認這句話是對的。」照這樣的說不是林肯自己認輸了嗎？然而，他轉過頭來，對那十二位的法庭見證人說：「諸位證人，你們願不願意讓這兩位青年人在人生的開端就染上這種羞恥和不名譽的習性呢？」然後，再指著這兩兄弟說，如果不是誤信了他們律師的慫恿，那是絕不會有這種不良的行為的。並且再指出高尚的律師業，有的時候意不但不主持正義，反而對正義來加以破壞。他竟嚴厲的攻擊著對方的辯護人。他繼續說道：「諸位證人，你們有著一種權力可以讓他們兄弟二人走進正常的軌道。」這些證人當然不能用自己的名義來袒護罪惡的，林肯正是利用著法庭上見證人的光榮心理，所以結果竟全體一致的主張，兩兄弟應該償還開斯君的債務。

在這樣的事例之中，林肯也曾把主持正義訴之於見證的人們。主持正義，我們每個人都有這種心理。比方，我們在街上見到一個大孩子欺侮小孩子，我們一定是幫小孩子的。人是感情的動物，誰都愛適意和快樂的。我們喝咖啡，穿絲襪，到電影院，睡床而不睡地，就是為了的要適意。所以，如果你所說的話能夠迎合聽眾的想法，你便得到了有力的動機。這正如以下演講所說的那樣。

「衣冠不整，謝絕入內」一向是一些高檔酒店、飯店專用字樣，一度引起了人們對於有關「平等、權利」的話題的激烈討論。在贊成與反對兩種意見對壘之後，「謝絕」得到了絕大多數人的默許，畢竟高級酒店、飯店並非是任何人都去得起的。但是，城市公

車，作為很多市民選擇的外出工具，是否也能夠作出類似「衣冠不整，謝絕入內」的規定呢？現實中出現的尷尬使得這一問題被提了出來。

從法律角度來看，乘客是無權提出「衣冠不整」者下車的要求。任何人只要向公車公司購買了車票，就是與其訂立了客運契約。只要他不妨礙他人的正常乘車，不要說是乘客，就是公車公司也不能拒絕運送所謂「衣冠不整」者，否則就是對契約的違反，要負違約責任。

那麼，公車公司是否有權對於「衣冠不整」者拒售車票呢？答案也是否定的。首先，我們從公車公司提供的服務的性質上分析，公車運輸是一種帶有公共福利性質的公共產品，是面向社會大眾的公益服務。比起酒店、飯店等不帶公益性質的服務行業來說，其在在簽訂契約自由要受到一定的限制，沒有法定理由公車公司不能拒售車票，這是其法定的一種義務。

但問題還不僅僅於此，但是本次討論還涉及「衣冠不整」者乘車對其他乘客甚至是大多數乘客權利的侵犯，因此我們還要解決的是應當不應當限制其乘車的問題。

首先，我們看看乞丐上車的問題，乞丐應當是最「不整衣冠」的人了。但是，沒有人天生想為乞丐，除非一些所謂的「假乞丐」，這是一種天生的缺陷與後天的環境造成，相信乞丐和許多「衣冠不整」者一樣並非就自願不整衣冠，實在是一種生活所迫，當然也有些人是生活習慣。但不管如何，讓「衣冠不整」者上車對於大多數乘客而言損害的只是他們姑且說是「審美」的權利和「聞聽正常氣味」的權利。但如果不讓他們上車，損害的是「衣冠不整」者享受公共交通服務的權利，這是一種更為重大的權利。面對少數弱者的更為重大的權利，我們有什麼理由說，多數人的權利就一定優於少數人的權利呢？畢竟，「審美」的權利和「聞聽正常氣味」的權利可以暫時放棄並不帶來多大的損害，而享受公共交通服務的權利卻無法替代。

其次，我們來分析提拿著魚、蝦等水產品的小販的乘車權利。其實，筆者認為，這些不應列入「衣冠不整」者範圍內，因為他們不僅是以「衣冠」，而且是以提拿著魚、蝦的行動影響他人。他們不僅影響了大多數乘客「審美」的權利和「聞聽正常氣味」，而且從實質意義上講，由於這種惡劣的氣味已經影響到乘客身心健康、影響到大多數乘客正常乘車的權利。因為這些乘客把貨物放在車廂通道上，搞得車廂地面及周邊滿是腥氣，致使很多乘客不願上車，結果造成顛峰時段有車不能上。這時便涉及少數人乘車權利與多數人乘車權利之間的博弈，我們認為當然要優先考慮多數人乘車權利，兼顧少數人乘車權利，比如在高峰時期間禁止其止車，可開設不同價格的車次；公車公司也要提供更為優質的服務，如司機及時清掃車廂，保持車內乾淨；這些乘客本身也要注意影響，做好包裝等等，盡可能不去妨礙他人的權利。

演講者從聽眾的角度出發，了解了他們的想法，從而在搭公車限制的問題上獲得了聽眾的共鳴。

由此可見，公開演說講聽眾之所想，言聽眾之所為，這樣能更容易獲取他們的認同，從而使你的講話更容易感染聽眾。

用情感感染聽眾

縱觀那些著名的政治家和演說家，他們在公開演說的時候總是能夠成功的調動聽眾的情緒，用自己的情感感染聽眾，讓聽眾在不知不覺中接受自己的觀點。

美國總統羅斯福就是一個在公開演說中用情感感染聽眾的高手。他在就任總統時的演講，感染了很多的支持者。

今日，對我們國家來說，是一個神聖的日子。我肯定，同胞們都期待我在就任總統時，會像目前形勢所要求的那樣，坦率而果斷的向他們講話。現在正是坦白、勇敢說出實話，說出全部實話的最好時刻。我們不必畏首畏尾，老老實實面對美國今日的情況。這個偉大的國家會一如既往的堅持下去，它會復興和繁榮起來。因此，讓我首先表明我的堅定信念：我們唯一不得不害怕的就是害怕本身——一種莫名其妙、喪失理智的、毫無根據的恐懼，它把人轉退為進所需的種種努力化為泡影。凡在美國生活烏雲密布的時刻，坦率而有活力的領導都得到過人民的理解和支持，從而為勝利準備了必不可少的條件。我相信，在目前危急時刻，各位會再次給予同樣的支援。

我和你們都要以這種精神，來面對我們共同的困難。感謝上帝，這些困難只是物質方面的。價值難以想像的貶縮了；課稅增加了；我們的支付能力下降了；各級政府面臨著嚴重的收入短缺；交換手段在貿易過程中遭到了凍結；工業企業枯萎的落葉到處可見；農場主的產品找不到銷路；千家萬戶多年的積蓄付之東流。

更重要的是，大批失業公民正面臨嚴峻的生存問題，還有大批公民正以艱辛的勞動換取微薄的報酬。只有愚蠢的樂天派會否認當前這些陰暗的現實。

但是，我們的苦惱絕不是因為缺乏物資。我們沒有遭到什麼蝗蟲的災害。我們的先祖曾以信念和無畏一次次轉危為安，比起他們經歷過的險阻，我們仍大可感到欣慰。大自然仍在給予我們恩惠，人類的努力已使之倍增。富足的情景近在咫尺，但就在我們見到這種情景的時候，寬裕的生活卻悄然離去。這主要是因為主宰人類物資交換的統治者們失敗了，他們固執己見而又無能為力，因而已經認定失敗了，並撒手不管了。貪得無厭的貨幣兌換商的種種行徑。將受到輿論法庭的起訴，將受到人類心靈理智的唾棄。

是的，他們是努力過，然而他們用的是一種完全過時的方法。面對信貸的失敗，他們只是提議借出更多的錢。沒有了當誘餌引誘人民追隨他們的錯誤領導的金錢，他們只

得求助於講道，含淚祈求人民重新給予他們信心。他們只知自我追求者們的處世規則。他們沒有眼光，而沒有眼光的人是要滅亡的。

如今，貨幣兌換商已從我們文明廟宇的高處落荒而逃。我們要以千古不變的真理來重建這座廟宇。衡量這重建的尺度是我們展現比金錢利益更高尚的社會價值的程度。幸福並不在於單純的占有金錢；幸福還在於取得成就後的喜悅，在於創造努力時的熱情。務必不能再忘記勞動帶來的喜悅和激勵，而去瘋狂的追逐那轉瞬即逝的利潤。如果這些暗淡的時日能使我們認識到，我們真正的天命不是要別人侍奉，而是為自己和同胞們服務，那麼，我們付出的代價就完全是值得的。

認識到把物質財富當作成功的標準是錯誤的，我們就會拋棄以地位尊嚴和個人收益為唯一標準，來衡量公職和高級政治地位的錯誤信念；我們必須制止銀行界和企業界的一種行為，它常常使神聖的委託混合於無情和自私的不正當行為。難怪信心在減弱，信心，只有靠誠實、信譽、忠心維護和無私履行職責。而沒有這些，就不可能有信心。

但是，復興不僅僅只要改變倫理觀念。這個國家要求行動起來，現在就行動起來。我們最大、最基本的任務是讓人民投入工作。只要我信行之以智慧和勇氣，這個問題就可以解決。這可以部分由政府直接徵募完成，就像對待臨戰的緊要關頭一樣，但同時，在有了人手的情況下，我們還急需能刺激並重組巨大自然資源的工程。

我們齊心協力，但必須坦白的承認工業中心的人口失衡，我們必須在全國範圍內重新分配，使土地在最適合的人手中發揮更大作用。

明確的為提高農產品價值並以此購買城市產品所做的努力，會有助於任務的完成。避免許多小家庭業、農場業被取消贖取抵押品的權利的悲劇也有助於任務的完成。聯邦、州、各地政府立即行動回應要求降價的呼聲，有助於任務的完成。將現在常常是分散不經濟、不平等的救濟活動統一起來有助於任務的完成。對所有公共交通運輸，通訊及其他涉及公共生活的設施作全國性的計畫及監督有助於任務的完成。許多事情都有助於任務完成，但這些絕不包括空談。我們必須行動，立即行動。最後，為了重新開始工作，我們需要兩手防禦，來抵禦舊秩序惡魔捲土重來；一定要有嚴格監督銀行業、信貸及投資的機制；一定要杜絕投機；一定要有充足而健康的貨幣供應。

以上這些，朋友們，就是施政方針。我要在特別會議上敦促新國會給予詳細實施方案，並且，我要向十八個州請求立即的援助。

透過行動，我們將給予我們自己一個有秩序的國家大廈，使收入大於支出。我們的國際貿易，雖然很重要，但現在在時間和必要性上，次於對國家健康經濟的建立。我建議，作為可行的策略、首要事務先行。雖然我將不遺餘力透過國際經濟重新協調所來恢

復國際貿易，但我認為國內的緊急情況無法等待這重新協調的完成。

指導這一特別的性復甦的基本思想並非狹隘的國家主義。我首先考慮的是堅持美國這一整體中各部分的相互依賴性——這是對美國式的開拓精神的古老而永恆的證明的展現。這才是復甦之路，是即時之路，是保證復甦功效持久之路。

在國際政策方面，我將使美國採取睦鄰友好的政策。做一個決心自重，因此而尊重鄰國的國家。做一個履行義務，尊重與他國協約的國家。

如果我對人民的心情的了解正確的話，我想我們已認識到了我們從未認識到的問題，我們是互相依存的，我們不可以只索取，我們還必須奉獻。我們前進時，必須像一支訓練有素的忠誠的軍隊，願意為共同的原則而獻身，因為，沒有這些原則，就無法取得進步，領導就不可能得力。我們都已做好準備，並願意為此原則獻出生命和財產，因為這將使志在建設更美好社會的領導成為可能。我倡議，為了更偉大的目標，我們所有的人，以一致的職責緊緊團結起來。這是神聖的義務，非戰亂，不停止。

有了這樣的誓言，我將毫不猶豫的承擔領導偉大人民大軍的任務，致力於對我們普遍問題的強攻。這樣的行動，這樣的目標，在我們從祖先手中接過的政府中是可行的。我們的憲法如此簡單，實在。它隨時可以應付特殊情況，只需對重點和安排加以修改而不喪失中心思想，正因為如此，我們的憲法體制已自證為是最有適應性的政治體制。它已應付過巨大的國土擴張、外戰、內亂及國際關係所帶來的壓力。

而我們還希望行使法律的人士做到充分的平等，能充分擔負前所未有的任務。但現在前所未有的對緊急行動的需要要求國民暫時丟棄平常生活節奏，緊迫起來。讓我們正視面前的嚴峻歲月，懷著舉國一致給我們帶來的熱情和勇氣，懷著尋求傳統的、珍貴的道德觀念的明確意識，懷著老老少少都能透過恪盡職守而得到的問心無愧的滿足。我們的目標是要保證國民生活的圓滿和長治久安。

我們並不懷疑基本民主制度的未來。合眾國人民並沒有失敗。他們在困難中表達了自己的委託，即要求採取直接而有力的行動。他們要求有領導的紀律和方向。他們現在選擇了我作為實現他們的願望的工具。我接受這份厚贈。

在此舉國奉獻之際，我們謙卑的請求上帝賜福。願上帝保信我們各位和每一個人，願上帝在未來的日子裡指引我。

感染是一種從言語裡表達出來的神聖力量，它能使聽眾從講話中接受講話者的觀點，獲得精神上的鼓舞，從而轉化為按照講話者主張進行行動的動力。感染了你的聽眾，你的講話就獲得了成功。

第三章　出口成章，讓你的話大家都愛聽

我們不難發現：同一個話題，有的講話者台上滔滔不絕，台下聽眾興趣黯然；而有的講話者台上無病呻吟，台下聽眾昏昏欲睡。造成這一切的原因或許與講話的內容有關，但更多的是講話者的言語表達能力和語言操作藝術的差異。公開演說，事前準備的越充分，你在台上說起來就越輕鬆。沒有人會嫌好話多，適當的讚美聽眾更能提升他們對你所說話語的關注。即便是在公開場合有批評的言辭，也要注重其中的藝術。當然，當你結束講話的時候別忘記一個精彩的結尾，這更能讓人回味悠長。長此以往，你的話自然大家都愛聽。

一、準備的越充分，說起來越輕鬆

西方有一句諺語：「成功只會青睞那些準備充分的人」。公開演說也自然如此。即便我們做不到「台上一刻鐘，台下十年功」那麼誇張，講話之前做些適當的準備也是必需的。良好的精神狀態，得體的穿著和舉止，再加上適當的布局使聽眾能把注意力放在你身上，這些準備工作將大大加強你在公開演說時的成功率。

精神好說話更有力

每個人都想自己在當眾發言的時候取得最佳的效果，如果你想使你在公開演說時發揮透澈，那麼，當你走到聽眾前面之時，必須多騰出一些時間來休息，因為疲憊了的人，是沒有引人入勝的魔力。俗話說：「凡事預則立，不預則廢」。不要在將臨演講的時候才去匆忙的預備，帶著疲倦的精神去演講會讓你的演說效果大打折扣，這是一般人最易犯的錯誤，結果會使你遭遇慘敗，你的腦力也將受到相當的損害。

當眾發言需要精心的準備，這種準備不止展現在發言的內容上，同樣展現在你在發言時候所具備的精神面貌上。假使你在下午三點鐘要出席會議，發表重要的談話，那麼，你最好午後不要再進辦公室。午餐可以回家去吃，吃了躺在床上舒舒服服的睡一回。這樣，你的體力、腦力、精神三方面同時休息，對你下午的發言十分有益。

一位著名演說家因為常常提早向朋友告辭，讓妻子獨自陪著朋友，而常常使他的朋友不悅。他們不知道他提早告辭的原因，是為了急於要去休息一會，以做好演說出場前的準備。

要想成為一名出色的演說家，那麼你就應該捨棄一切嗜好、偏愛、社交和飽食。如果你要發表一篇重要的演講，你必須留意，千萬不要吃得太飽。

一位市長在發表就職演講前，特自抽出週末的時間和家人一起去戶外郊遊，以此來緩解競爭市長時帶來的各種壓力。下面就是他良好休息後帶給人們的精彩演講：

非常感謝大家對我的信任，選我做××市人民政府的市長，我深知這個選舉結果的分量，包含著市民的重託。

能在這次選舉中當選市長，我感到無上光榮。我熱愛本市，就像熱愛自己的家園一樣。這塊熱土，有厚重的歷史、光榮的傳統、豐富的資源、秀美的山川，更讓我感動的是人民的勇敢、勤奮、質樸和包容。這些年來，人民團結奮鬥，不斷進取，勤奮工作，不懈追求，取得了經濟建設和各項社會事業的巨大成就，作為本市的成員之一，我非常自豪。今天，我有幸當選本市市長，我要說的第一句話就是：感謝全市人民對我的支持與幫助、厚愛與抬舉。沒有這些，我將一事無成。

成為市長之後，在感到光榮的同時，我更感到一種壓力。不同的職位肩負不同的職責，對我來說，今天是一個新的起點，我覺得自己現在就像一個考生，面臨的考題就是本市經濟社會發展這篇大文章，或者說，就像一個參加接力賽的運動員，前任們已經把他們創造的輝煌交到了我的手中，如何把這篇文章做得更好，把這一棒跑得更快，這是對我的一種檢閱、一種審視、一種挑戰。我將在今後的工作中，恪盡職守，踏踏實實，勤奮工作，畢全部精力以求不辱使命。我想，只有這樣，才能回報全市人民對我的信任，才能無愧於各位代表今天對我的選擇。

未來的五年，將是我努力實現全市經濟社會跨越式發展，全面推進小康社會建設的關鍵。我想，和全市人民及在座的各位一道，共同奮鬥，努力把資市的事情、把屬於本屆政府的事情辦好，就是我的職責、義務和使命之所在。

我深知自己能力有限，水準不高，儘管如此，我還是願意傾我所有，盡我所能，為××市的發展貢獻自己的全部力量。我相信，天道酬勤，勤能補拙，相信有付出就會有收穫。我想，只要我努力踐行「正位、篤學、勤勉、重道、守紀」的為人從政準則，勤政務實，廉潔為民，勇於進取，敢於突破，工作就一定會有成效。我更堅信，有市委的正確領導，有各位人大代表的支持、監督和幫助，經過全市人民的共同努力，我們的奮鬥目標就可以實現，也一定能夠實現。我渴望在我交卷或者交棒的那一天，得到的掌聲比現在更多，更熱烈。因為，你們的肯定就是對我最大的褒獎。最後，我要說的是：我將銘記今天，我將忠實履行諾言。

良好的精神狀態不僅使這位市長在就職演講時候聲音飽滿，更以充滿活力的精神面貌贏得聽眾們的認可，相信在這位新市長的帶領下明天會更好。

在美國的大學校園裡，經常可以看到有人當眾發表演說，耶魯大學就是演說家薈萃的地方，那裡有著各式各樣的人物。你在週末走進耶魯大學，可以隨意聽到一位天主教徒在講怎樣才不會有過失；或是一位印度人在講回教徒為什麼不妨娶三妻四妾。但是演講者的前面，有的圍繞幾百人，有的只站著幾個人。這是什麼緣故？由於講話的主題的魔力嗎？不，這完全得由演講者自己感情和精神面貌所決定的，如果他對自己所講的極感興趣，那聽的人一定也極感興趣；他有精神，聽眾也就有精神了。

穿著得體更有自信

俗話說：「人靠衣裳馬靠鞍」。一身得體的穿著不僅能讓台下的聽眾更加欣賞你，也會讓公開演說的你更加有信心。畢竟，人總是有審美觀的，沒有人會長時間盯著一個衣著邋遢的人而不生厭。穿著都不得體又怎能拿話語去打動人？

公開演說的過程中，聽眾在用耳朵聽你發言的同時，也在用他們的眼睛看著你，看著你的表情，看著你的舉止，看著你的衣著。得體的衣著會在演說的過程中增強你的自信，讓你的言語更加的流利。美國心理學家兼大學校長喬治先生在這個問題上曾經徵求過許多人的意見：「對於你自己所著服裝的感想如何？」結果是大家異口同聲的說，他們穿得十分整潔漂亮的時候，便會覺得身上似乎多了一種力量，這種力量雖然很難解釋，但是很明確的：它使他們增強了自信心，提高了自尊心。很顯然，公開演說時在外表上裝扮的很成功，你的心理上更容易想到成功，從而真的得到成功。這就是服裝對於穿著者所發生的效果。

當你進行公開演說時，無論多麼緊張，也必須表現得鎮定自信。你的姿態很關鍵，而你的衣服則是你的保護層。很多時候，聽眾可能因為注意力在你得體的衣著上，而忽略了你的緊張，從而使你有機會更好的調節自己的情緒。服裝的色彩搭配也同樣重要，事前認真想好你想要傳達的資訊，然後根據相關細節去進行色彩搭配。你想表現得肅穆簡樸？青灰色絕對能幫得上忙。敏捷有效率？可以考慮黑白搭配，或者深灰色細斜紋也不錯。想表現得和藹可親，又不失權威？桃紅色、駝色、斜紋軟呢料子等都是很好的選擇。

外套：剪裁出色和合身的服裝會讓人感覺大家缺少你不行。合身是說你的外套要恰到好處，不能緊得像是貼在你的身上，或者鬆得包裹著全身。如果套裝下身是裙子，那麼要確保所有皺褶已燙平，長度符合整體服裝比例。如果下身穿褲子，那麼襠位處不可以鬆鬆垮垮，腰帶要繫牢，位置要擺得漂亮。記住，講話的場合需要，你不用穿一件傳統的西服，你只需要一件強硬而又協調的套裝。

襯衫：襯衣必須俐落爽朗，切合外套的剪裁。領子過高或者過緊會讓你顯得很死板。所以可以鬆開襯衣一點點，但是請你記住千萬不要將從上往下數的第三顆鈕扣以下的任何一個鈕扣打開。一件漂亮而又有風情的襯衣可以將整體外形襯托得十分出色。暖玫瑰色或者皺褶邊可以讓外套的硬朗邊緣柔和起來。

鞋子：一雙強硬而俐落的鞋子可以讓你顯得高而筆挺，使你能自信滿滿的登上演講台上。可以嘗試粗跟的高跟鞋。千萬不要挑樣子笨重的，你可以嘗試一下圓頭或者尖頭鞋。

顏色：灰色代表著力量。黑色是典型的商務色，但不要為了保險就只挑黑色來穿，因為可能對你來說它並不保險。香奈兒曾經說過：「世界上最好的顏色就是你穿起來最好看的那種顏色。」

公開演說時的著裝品質和規則十分重要。對於女士來說，在非正式的場合，可穿合身的運動夾克和短裙，以襯托出本身迷人的曲線，同時又不會顯得過於隨意。這些得體的套裝和完美的剪裁不僅能夠吸引聽眾的注意力，還能時刻讓你保持醒目和幹練

的姿態。

不同的說話場合需要不同的衣著，這就需要你在之前做好充分的準備。當你需要公開演說時，就是拿出你相對的「講話外套」的時候了。稍稍過度的打扮不會有太大影響。穿著如此隆重，表現出你是認真對待此項工作，而且你尊重對方的意見。反過來，他們也會尊重你。

服裝對演講者既有上述的效果，對聽眾又怎麼樣呢？你可以想像一下，如果一位發言者穿了一條像一隻布袋的褲子，不像樣的衣履；口袋外露著鋼筆或是鉛筆，外衣袋裡塞滿了東西弄的鼓鼓的時候，聽眾便會對他失去不少尊敬心，因為聽眾從他那不梳理的頭髮和不整潔的衣履已經對他產生了厭惡感。

請聽眾集中在一起

人們總是喜歡對聚齊在一起的演講發生興趣。因此，在你公開演說的時候，如何把聽眾聚在一起，給你的演說增加「氣勢」會基本上提高你的成功率。

一位著名演說家曾經說：「我是一個職業的公開演說者，所以當我下午在大禮堂中對疏疏散散的幾個聽眾講過話之後，晚上又在那禮堂中對很多的聽眾演講。下午的聽眾只對我現出一些微笑；晚上的聽眾，對我大笑不止。那些在晚上對我所講的話鼓掌的地方，下午的聽眾在那裡聽了卻並不起什麼反應。這是為什麼？原來下午的聽眾，大都是些小孩子和老婦，不像晚上的聽眾們那樣活潑敏捷而富於表情。不過，這還是局部的解釋，最重要的還是因為下午的聽眾，稀少而散漫的分坐各處，他們的感情也因此分散不少。所以，聽眾間留著寬大的空隙或是空椅是最糟糕的事。」

或許你會說：「我僅僅是對幾個人演講，並無法召集那麼多的聽眾」。但這並不是問題。雖然對多數聽眾的演講，比在少數聽眾面前演講要興奮得多。實際上，對十個人演講也能講得十分高興，不過那十個人應該緊緊的圍繞著講話者坐著。如果聽眾有一百個人，他們每兩人間離著四尺的空隙，那就像在一間空屋中一樣。所以，使聽眾密集一處，你便可以事半功倍了。」

一個人在大庭廣眾之中，比較容易失去他的個性，並且比單獨一個人的時候容易被感情所支配，更容易受周圍的人影響。譬如當你對十個人演講時，如果其中有一個人對你講的話並不怎麼感動；但因為別人的鼓掌和發笑，他也會被別人同化而一樣的鼓掌發笑起來。

叫人家去做團體的行動，比叫人家去做單獨的行動容易，誰都願意團聚一起。群眾真是一種奇怪的力量，在歷史上有許多偉大的著名運動和改革，那是因為群眾心力的幫助而獲得成功的。關於這類問題，有一本馬丁的《群眾的行動》很值得我們一讀。

如果我們要和一個小團體說話，我們應該選擇一間小屋，把中間的通路都坐滿人，這比在一間廣大的禮堂中要好得多。如果聽眾散坐著，你可以請他們移到前面和你貼近的坐著，這一點是你開始演講之前必須注意的。在沒有足夠的聽眾時最好不要登台，否則，就得和我們站在同一平面上，挨近他們，打破鄭重的形式，和他們親近，使你的演講變成隨便的形式，結果一定比登台要好得多。

臉上照著充足的光線

當你演講時，你並不是在對群眾表演什麼神奇的魔術，所以必須使室內的光線充足。而且還須有光線照在你的臉上，因為大家都想看清你的表情。在這一點上，我們可以參照那些攝影師，他們總是成功的利用光線，使自己的作品更加出色。公開演說也是一樣，你臉上因講話而隨時湧現出來的微妙的表情，在充足光線的照耀下，能夠給聽眾特殊的感受，有時比你的說話更有意義。

仔細閱讀下面一篇講稿，分別以講者臉上充滿直射的光線和沒有光線兩種情形，你自然會體會出其中效果的不同。

成功學的創始人拿破崙．希爾說：「自信，是人類運用和駕馭宇宙無窮大智的唯一管道，是所有『奇蹟』的根基，是所有科學法則無法分析的玄妙神跡的發源地。」奧里森．馬登也說過這樣一段耐人尋味的話：「如果我們分析一下那些卓越人物的人格物質，就會看到他們有一個共同的特點：他們在開始做事前，總是充分相信自己的能力，排除一切艱難險阻，直到勝利！」

自信的確在基本上促進了一個人的成功，從不少人的創業史上我們都可見一斑。自信可以從困境中把人解救出來，可以使人在黑暗中看到成功的光芒，可以賦予人奮鬥的動力。或許可以這麼說：「擁有自信，就擁有了成功的一半。」

同樣兩個努力工作的人，自信的人在工作時總會以一種更輕鬆的方式度過：當很好的完成了任務時，會認為這是因為自己有實力，當遇到實在無法完成的任務時，則認為也許任務本身實在太難。而缺少自信的人則會把成功歸功於好的運氣，把失敗看成是自己本領不到家。只是由於這小小的心理差異，雖然二人花的時間，精力都差不多，但往往較為自信的那一方的收穫要大得多。

多少科學家，尤其是發明家，哪一位不是對自己所攻克的項目充滿信心呢？一次又一次的失敗只會一次又一次的激發起他們的鬥志——他們認為：失敗越多，距離成功也就越近了。但自信不是平白無故的就會附著在人身上的，首先人要有真才實學，接著才會有真正意義上的自信，並把它作為一種極其有用的動力。空有滿腹自信，那只說得上

是自以為是罷了。這種所謂的「自信」，不但不能推動人前進，反而害人不淺。

有人說過：「沒有真材實料，只有信心的話，前途只有一條——死，而且死得很難看。」這句話聽起來有些過火，但事實上如果僅有自信的話確實是十分危險的。

同樣，在我們的學習中，僅有自信也是不夠的，自信應該與努力有機的結合起來。時常見到有部分同學在考試之際，沒有一絲緊張，滿懷自信的步入考場。但考試過後，這部分同學中有的分數挺高，有的分數卻是羞於見人的。這看似不可理喻的事情其實很簡單：這部分同學中一種是既自信又刻苦認真學習的，一種是單有自信卻未付出努力的。這兩類同學看上去都是充滿著信心去應試，但由於平時知識的累積不一樣，後果就截然不同。

所以說，我們做人，就應當先做一個滿腹經書，然後才充滿自信的人。因為自信只是一種虛無的力量，想要成功，就得讓自信附著於「務實」這一燃燒自信的機械上，以使自信發揮出它應有的力量。

有光線將配合講話者展現言語之外的力量，而無光線，所講內容也自然隨之暗淡無光。特別是那些需要鼓舞聽眾士氣，提高聽眾熱情的講話，更需要充足的光線來提高聽眾的感受。

公開演說時不要站在光線下面，因為這樣將使你的臉上顯出模糊的暗影；也不要讓光線從後面射過來，免得把光線完全遮住。當你準備演講之前，最好選定一個光線最適當的地方，再去站在那裡，這才是最聰明的辦法。

講桌上不該放置雜物

在講台上的你，要使你成為所有聽眾關注的中心，就必須避免任何與演講無關的東西分散聽眾的注意力。公開演說的時候，你不要藏身於桌子後面，因為聽眾希望看見你的整個身體，你們為了要見到你的整個身體，所以有時甚或伸長了脖子、扭偏了身體，你為什麼要使他們這樣吃力呢？有些自以為聰明的人，常常事先替你桌子上預備一壺水和一個杯子，但是你千萬不要去用它。因為當你喝水的時候，你千辛萬苦才集中起來的聽眾的注意力會隨之一起轉移。他們的雙眼會關注你喝水的動作或者你所使用的杯子上，而忘記了你所要表達的說話內容。凡是一切累贅而不雅觀的東西，最好不要雜亂的放到講台上。

公開演說的時候應有一種賞心悅目的背景。一般來講，最適宜的背景，就是講話者的前後左右沒有雜碎的陳設物，只要在後面掛一幅暗藍色的絨帷就夠了。可是，通常講話者的身後大都掛著地圖、字畫，放著桌子，還有許多布滿灰塵的椅子，結果反使全場的空氣顯得混亂異常。所以這些東西，必須盡量消除才好。

講話台上最重要的還是講話者。所以，應該讓那個講話的人站在清清爽爽的台上，明顯得好像蔚藍的天空下面，聳立著披了雪衣的小山頂一樣清新。

無論如何，聽眾們是不會抵禦眼前活動事物的引誘的。如果一個講話者能夠記牢這一點，就可以減去不少的困難和無謂的煩惱。

首先，他不能玩弄講台上的東西以及做出其他分散人們注意的動作。記得有一次紐約大學有一群聽眾注意一位名講話者的手指達半小時之久，因為他一面演講一面在玩弄講台上的台毯。

其次，如果可能的話，講話者最好把講台上所有與演講內容無關的東西都在演講之前讓工作人員搬走，千萬要避免在演講過程中再移開，那樣會使聽眾的注意力分散。

最後，在講台上的兩面，不應坐著別人。防止在他講話的時候，聽眾的注意力轉到講話者身邊的人身上。所以，一個聰明的講話者，是不應允許任何旁人坐在講台上的。

二、好話永遠不嫌多

每個人嘴上都會說：你只要說得對，我什麼樣的話都可以接受。其實這是最大的謊言，誰不願意從別人嘴裡聽到對自己的讚美呢？所以，公開演說時要想深入溝通，必須說聽眾愛聽的話，適度的讚美他們，沒有人心裡會拒絕好話。在公開的場合適度的讚美將使你更得人心。

讚美使聽眾產生親和感

一個成功的演說家總是適當的時候選取某些聽眾，用適當的讚美來滿足對方的虛榮心，從而達到與聽眾完美交流的目的。畢竟，愛聽讚美的話是人的天性。心理學家證實：心理上的親和，是別人接受你意見的開始，也是轉變態度的開始。當聽眾因為你的讚美而獲取心理上的愉悅時，他們也會在不知不覺中接受你所要表達的觀點。因此，公開演說時，千萬不要吝嗇讚美的語言。

讚美，是人與人之間交流時不可缺少的。幾句適度的讚美，可使對方產生親和心理，為進一步的溝通提供前提。喜歡讚美是人的天性，人既想客觀的了解自己，又想得到好評。如果一個人的長處得到別人的肯定，他就會感到自我價值得到確認，產生「自己人效應」。

某公司要建一座現代化的辦公大樓。這一天，公司王經理在辦公，家具公司的李經理找上門來推銷辦公家具。

「喲，好氣派！我從來沒有見過這樣漂亮的辦公室。如果我有一間這樣的辦公室，我

這一生的心願就都滿足了。」李經理這樣開始了他的談話。他用手摸了摸辦公椅扶手，說：「這不是紅木嗎？難得一見的上等木料哇！」

「是嗎？」王經理的自豪感油然而生。說罷，不無炫耀的帶著李經理參觀了整個經理室，興致勃勃的介紹設計比例、裝修材料、色彩調配，興奮之情，溢於言表。

不用說，李經理順利的拿到了王經理簽字的辦公室家具的訂購契約。他達到了目的，也給了王經理一種心理上的滿足。

李經理成功的訣竅就在於他了解對象，他從王經理辦公室入手，巧妙的讚美了王經理所取得的成績，使王經理的自尊心得到了極大的滿足，並把他視為知己。這樣，辦公家具的生意也就自然非李經理莫屬了。由於每個人都有自我意識，所以接受任何東西，哪怕是最中肯的勸告，也要受情緒和情境的影響。人向來注意外界對自我的評價。讚美這種外界評價，就有助於創造良好的情境和情緒，從而有利於讓別人更加容易的接受你。

美國管理專家查爾斯．蘭斯特被認為是一個鋼鐵業的天才，他在當時每天可以領三千多美元的薪資，年薪資為一百萬美元。但事實上，查爾斯．蘭斯特自己這樣認為：「我認為我所擁有的最大財富是我能夠激起人們極大的熱誠。要激起人們心目中最美好的東西，其方法就是去鼓勵和讚美。我從來不指責任何人，我信奉激勵人去工作。所以我總是急於表揚別人什麼，而最恨吹毛求疵。如果問我喜歡什麼東西，那就是誠摯的讚美別人。」、「在我們生活的社會交往中，我在世界各地見到過許多偉人和普通人，我仍然要去尋找發現一個人，不管他的身分多高、多重要，他在讚美面前總比在批評面前工作得更好，花費的精力更小。」

蘭斯特的祕訣就是在公開演說的時候讚美別人。讚美既可以使聽眾心情愉悅，也可以使聽眾積極主動，促使他們更容易接受你的觀點。在公開演說中，真誠的讚美和鼓勵，能滿足人的榮譽感，能使人終身難忘。美國作家馬克．吐溫說：「一句好的讚美語言，能使我不吃不喝活上兩個月。」他這句話的內在含義，就是指人們時常需要受人抬舉和恭維。

說一句簡單的讚美話，實在不是一件困難的事情，每個人都有自己的優點，只要你願意並留心觀察，處處都有值得讚美的地方。適時說出來，會產生意想不到的效果。

法國總統戴高樂一九六〇年訪問美國時，在一次尼克森為他舉行的宴會上，尼克森夫人費了很大的勁布置了一個美觀的鮮花展台：在一張馬蹄形的桌子中央，鮮豔奪目的熱帶鮮花襯托著一個精緻的噴泉。精明的戴高樂將軍一眼就看出這是女主人為了歡迎他而精心設計製作的，不禁脫口讚美道：「女主人為舉行一次正式宴會要花很多時間來進行這麼漂亮、雅致的計畫和布置。」尼克森夫人聽了，十分高興。事後，她說：「大多

數來訪的大人物要麼不加注意，要麼不屑為此向女主人道謝，而他總是想到和講到別人。」事後，在以後的歲月中，不論兩國之間發生什麼事，尼克森夫人始終對戴高樂將軍保持著非常好的印象。可見，一句簡單的讚美的話，會帶來多麼好的反響。

正如英國著名首相邱吉爾所說：「要人家有怎麼樣的優點，就怎麼讚美他！」讚美之後的收穫有時候會使你更加驚喜。

讚美是最好的「潤滑劑」

讚美別人是公開演說的「潤滑劑」，而且這種美麗的言詞又是免費供應。如此「於人有利、於己無損而有利」的事，又何樂而不為呢？

公開演說最主要的目的是讓聽眾接受你的觀點，遵從你的主張。要想獲取聽眾的認同，不僅僅要從你所要說的事上下功夫，還要使聽眾喜歡你本人。可以想像，一個喜歡你的人和一個與你關係平淡的人，哪一個會更容易聽從你呢？可以說讚美是一種博取好感和維繫好感最有效的方法，它還是刺激聽眾最強烈的興奮劑，這是由人性的本能所決定的。要想使你的講話產生最佳的效果就必須學會這一招。

美國一位企業家這樣形容卡內基：「他是一位會握著你的手，鼓勵你、讚美你的人。在我的生活經驗中，還沒有碰到一個能比得上他的人。有許多人，雖然擁有職權，但他們沒有嘉許人的雅量，只會譏諷別人，像這樣怎麼能成就更偉大的功業呢？」

其實這位企業家是最能領會卡內基精神的人。

有人說，在這位企業家的手裡，讚美別人已成為一種異乎尋常的驅動工具。

當這位企業家就任造船廠廠長的時候，從經理到工人，他都很大方的給予嘉獎，讚美工作人員的工作技巧，使受獎的人都覺得比金錢獎賞更為可貴。

這家造船廠承造的軍艦要在二十七天內完工，造船場裡所有的記錄都被打破了。老闆召集造艦的全體工作人員發布一篇慶功的演講辭，並且贈與每人一枚銀質獎章和威爾遜總統的一封信，最後他轉向負責監造人，從自己的袋子裡掏出個金錶，親手交給他作為一個小小的紀念。

把讚美送給聽眾，就像把食物施給飢餓的乞丐。在許多時候，它就像維生素，是一種最有效果的食物。特別是你要答謝別人的時候，別忘記讚美對方。正如下篇喬遷之喜的答謝一樣。

今日風和日麗，陽光明媚，也是我們家喬遷新居的大喜之日，各位親朋好友光臨新居，是我及全家的光榮，各位不辭勞苦前來道賀，也是對我們家庭的最大關愛。

說句心裡話，擁有一套稱心如意的房子一直是我們全家人最大的願望，如今，在各方面的大力支持下，我們終於如願以償，實現了這一夢想，此時此刻我們的心情非常

的激動。

長期以來，在工作上你們給予我及家人最大的幫助和支持、在生活上給予我及家人無微不至的關心和關愛，才有了我們家現在安居樂業的生活。在此，讓我代表全家人向多年來對我們家關心和幫助的來賓和親友們表示衷心的感謝，並祝福你們家庭幸福、永保康健，萬事通達！事事如願！同時也衷心感謝為今日宴請忙碌的主持人、各位同志及酒店的工作人員。希望各位今後能一如既往的關心、幫助、支持我們。你們的關心和關愛、你們的友誼和真情，我及家人將永遠銘記在心。

仔細觀察，你就不難發現：在這個社會上，經常讚美別人的人，總是比其他人更受歡迎。當一個人聽到別人的讚美時，心中總是非常高興，臉上堆滿笑容，口裡連說：「哪裡，我沒那麼好」、「你真是會講話！」即使事後冷靜的回想，明知對方的讚美是禮貌性的，卻還是抹不去心中的那份喜悅。

讚美別人要恰到好處

讚美聽眾並不是一件容易的事，它要求你必須仔細的觀察，找到聽眾值得讚美的地方，或者是對方希望你關注的事物。人們喜歡恰如其分的讚美，不喜歡海闊天空的亂吹。你如果在公開演說的時候說一個醜人長得漂亮他會以為你是在諷刺他。不適度的讚美只會讓人生厭。

在人類的天性中，有一點是共同的，那就是希望得到別人的喜歡，希望能在別人的讚美聲中感受到自我價值的實現。而在人類身上，值得讚美的地方也的確很多。且不說優秀的、傑出的人物身上有許多閃光的東西，即使是普通人身上，也有許多優秀特質、優良品格值得我們去讚美。因此，在公開演說中，恰到好處的讚美別人，不僅能達到鼓舞他人的作用，而且也能密切說話者與聽眾之間的關係。

因此，公開演說時讚美別人，既要有誠意，更要講究口才與方法：

一、審時度勢，因人制宜

讚美別人的方法很多，可以面對面的直接讚美，也可以在公開場合對某個人或某些人進行讚美，還可以在背後讚美。在什麼情況下採用什麼樣的方法，使讚美的效果更好，這就需要讚美者抓住一定的時機，因人而異，恰到好處的把自己的讚美之情表達出來。

讚美不僅要因人而異，因場合而異，還要考慮不同的階段。如當你發現有值得讚美的事物和人的良好品格的苗頭時，應當立即抓住這個時機，給予讚美對象以美好前景的鼓勵；如人的優點和美好的事物已完全展現，那麼你就必須給予讚美對象以全面肯定和充分讚美。不同的階段使用不同的讚美語，不僅能克服人通常的毛病，而且能給人一種

實在感和具體感。

二、實事求是，措辭適當

實事求是是指讚美應以事實為依據，這是與「阿諛奉承」的本質區別。「阿諛奉承」是出自主觀的願望，是為了一己之私，有著明顯的巴結逢迎的目的，即俗話所說的「拍馬屁」。而真誠的讚美應是在客觀事實的基礎上，是一種真情的流露，旨在使人快樂，與人進行感情的溝通。此外，真誠的讚美除了要以事實為依據外，措辭也要適當。主要應注意兩個方面：一是不要誇張，二是不要過度。

不要誇張，就是說讚美話應該樸實、自然，不要有任何修飾的成分，不要誇大其詞。該讚美的地方適度讚美，因為讚美同樣也會「過猶不及」。

不要過度，指的是讚美話要適度，有的話讚美一次兩次，一句兩句就足以使對方歡樂，而如果一句讚美話說過多次或者對某個人堆上許多溢美之辭，那麼對方會認為自己不配，或者會疑心你的動機不純。

三、熱誠具體，深入細緻

日常交往中經常可聽到這樣的讚美辭：「你這個人真好」、「你這篇文章寫得真好」等等。究竟好在哪些方面，好到什麼程度，好的原因又何在，不得而知。這種讚美語顯得很空洞，別人以為你不過是在客氣、在敷衍。

所以，讚美語應盡可能做到熱誠具體、深入細緻。比如讚美一個人穿的衣服漂亮，你不妨說：「這件衣服穿在你身上很合身，顏色鮮豔，人顯得精神多了。」正確的讚美方法是把讚美的內容具體化，其中需要明確三個基本因素：你喜歡的具體行為；這種行為對你的幫助；你對這種幫助的結果有良好感受。有了這三個基本因素，讚美語才不至於籠統空泛，才能使人產生深刻的印象。

四、攻其不備，出其不意

在讚美語的運用上，如能攻其不備，出其不意，往往能使人喜出望外，收到意想不到的效果。

演講者在平時就應該注意觀察，並對那些被我們忽略了的優點、美德而加以及時讚美，往往比讚美那些人所共知的優點效果更好。如一位著名科學家、著名演員或者名作家，或在某些方面有較突出成就的普通人等，他們在各自的領域裡都頗有建樹，而對他們在各自領域裡所取得的成績的讚美聲也就會不絕於耳。那麼，我們不妨另闢蹊徑，如讚美他們和諧的家庭生活，他們漂亮的衣著打扮，他們親切的微笑，以及優秀的品格等等，這樣肯定會使他們喜悅倍增。

五、「雪中送炭」勝過「錦上添花」

俗話說：「患難見真情。」最需要讚美的不是那些早已功成名就的人，而是那些因被埋沒而產生自卑感或身處逆境的人。他們平時很難聽到一聲讚美的話語，一旦被人當眾真誠的讚美，便有可能振作精神，大展宏圖。因此，最有實效的讚美不是「錦上添花」，而是「雪中送炭」。

此外，讚美並不一定總用一些固定的詞語，有時，投以讚許的目光、做一個誇獎的手勢、送一個友好的微笑也能收到意想不到的效果。

當我們目睹一個經常讚美子女的母親是如何創造出一個完滿快樂的家庭、一個經常讚美學生的老師是如何使一個班集體團結友愛天天向上、一個經常讚美下屬的主管是如何把他的機構管理成和諧向上的集體時，我們也許就會由衷的接受和學會人際間充滿真誠和善意的讚美。

讓你的讚美真實可信

在公開演說時，讚美是一種藝術。對聽眾進行讚美，話要講在「點子」上，如果你的讚美之辭能夠說到聽眾引以為自豪的事情上面，那無異於畫龍點睛了。

要想使你的讚美打動聽眾的心，就不要說些可有可無的客套敷衍話，要令你的讚美真實可信，就要把讚美的內容說的具體些，讓對方明白，你對他的讚美是經過認真考慮的肺腑之言。

一、要與眾不同

在讚美別人的時候，要明白無誤的告訴他，是什麼使你對他印象深刻。你的讚美越是與眾不同，就會越清楚的讓對方知道，你曾盡力深入的了解他並且清楚的知道自己現在有此表達的願望。

讚美對方具備某種你所欣賞的個性時，你可以列舉事例為證。比如：他提過的某個建議或採取過的某一行動：「對您那次的果斷決定，我還記憶猶新呢。這個決定使您的利潤額上升了不少吧？」

應盡量點明你讚美他的理由。不僅要讚美，還要讓對方知道為什麼要讚美他：「當時您是唯一準確的預料到這一點的人。」

資料能使你的讚美更加確實可信：「有一回我算了一下，用您的方法可以節省多少時間，結果是……」

如果可能，不妨當眾把你所要讚美的人所獲得的成就簡單的表述出來，讓其他聽眾知道你為什麼要讚美他，從而羨慕被讚美的對象。表示你對所讚美者的欣賞。只要你有充足的理由，完全可以把你的讚美的內容具體化，這樣的效果往往非常之好。「讚美之言」不會被輕易忘記。如果你的言語既有深度又與眾不同，對方還會回味無窮。

二、要恰如其分

請注意，你的讚美要恰如其分。不要借一件不足掛齒的小事讚不絕口，大肆發揮，也別抓住一個細枝末節便誇張的大唱頌歌，這樣顯得太過牽強和虛假。

你的用詞不可過度渲染誇張，不要動輒言「最」。當對方用五升裝的大瓶為你斟酒時，你可別故意討好的說：「這真是最好的葡萄酒！」

別讓對方覺得你對他的讚美是例行公事。你當然應該比現在更經常的對你的夥伴表示讚美，但可別在每次談話時都重複一遍，特別是在對方與你經常見面的情況下更要牢記這一條。最重要的一點是，不要每次都用一模一樣的話來讚美對方。

三、要因人而異

即使是因為相同的事由，你也不應以同樣的方式來讚美所有的人。不要去找任何時間、場合下對任何人都適用的「讚美萬金油」，它是不存在的。避免給對方留下「這人對誰都講那麼一套」的壞印象。

在很多人的聚會中，你千萬不要搬出前不久剛讚美過其中某一位的話，再次恭維其他人。還是仔細想一想，每位顧客與他人相比，到底有何突出之處，這樣就能因人制宜、恰到好處的讚美別人。

四、要利用恰當的機會

不要突然沒頭沒腦的就大放頌辭。你對別人的讚美應該與你們眼下所談的話題有所聯繫。請留意你在何時以什麼事為引子開始讚美對方。對方提及的一個話題，他講述的一個經歷，也可能是他列舉的某個數字，或是他向你解釋的一種結果，都可以用來作為引子。

要是他沒有給你這樣的機會，你就自己「譜」一段合適的「讚美前奏」，使得對方不致感覺這讚美來得太突然。不妨用一句謙恭有禮的話來開頭：「恕我冒昧，我想告訴您……」、「我常常在想，我是不是可以說說我對您的一些看法……」

五、採取適宜的表達方式

重要的不僅是你說了些什麼，還有你是怎樣來表達的。你的用詞，你的姿勢和表情，以及你讚美他人時友善和認真的程度都至關重要。它們是顯示你內心真實想法的指示器。

你應直視對方的眼睛，面帶笑容，注意自己的語氣，講話要響亮清晰、乾脆俐落，不要細聲慢語、吞吞吐吐，也別欲語還休。

小心不要用那種令人生厭的開頭：「順便我還可以提一下，您的還算不賴。」這讓你的讚美聽起來心不甘、情不願，又像是應付差事。

如果合適，你甚至可以在讚美的同時握著對方的手，或輕輕拍拍他的胳膊，營造一點親密無間的氣氛。

六、精力要集中，話題要連貫

讚美對方的機會幾乎總是出現在偏重私人性的談話中。大多數時候在談話中你一定會談及其他事情。但你對顧客的讚美應始終成為一個相對獨立的話題和段落。讚美對方的這個時刻，你越是集中注意力，心無旁騖，讚美的效果就會越好。所以，在這一刻你不要再說其他事情，要讓這一段談話緊緊圍繞你的讚美之辭，不要中途「離題」。

讓對方對你的讚美之辭有一個「餘音繞梁」的回味空間，不要話音剛落就將話題轉到其他雙方有分歧的事情上，弄得對方前一刻的喜悅心情頃刻化為烏有。

七、讚美不應打折扣

別把你的讚美和關係到實際利益的話題聯在一起，這些話題換個場合交談會更合適。假若你的談話旨在獲取利益，你讚美了對方之後要留出些時間，不能馬上話鋒一轉切入主題。要避免給對方這樣的印象：你前面的讚譽只是實現你目標的一塊墊腳石。

請不要用煞風景的陳腔濫調來結束你們的談話。記住，純粹的讚美效果最佳！

許多人在當眾讚美他人時都易犯一個嚴重的錯誤：他們把讚美打了折扣再送出。對某一成績他們不是給予百分之百的讚美，而是畫蛇添足的加上幾句令人沮喪的評論或是一些能很大程度削弱讚美的積極作用的話語。比如：「您做的菜味道真好，哪一樣都不錯，就是湯汁裡的奶油加多了。」這種折扣不僅破壞了你的讚美，還有可能成為引起激烈爭論的導火線。

尤其那些對傑出成績的讚美，幾乎無一例外的和批評一起「搭賣」。成績越突出，人們就越覺得自己有責任去「評論」而不僅是讚美這一成績。他們無法忍受只唱讚歌，一定要多少挑出點缺憾才甘休。同時，他們錯誤的把讚美他人當成了自我表現的機會。他們以為他們能夠透過打了折扣的讚美來證明自己的「批判性思維能力」，從而也出出風頭，顯出他們的理性和水準。

任何讚美的折扣，哪怕再微小，也使讚美有了瑕疵，從而產生了不必要的負面影響。它破壞了讚美的作用，使受讚美的一方原有的喜悅之情一掃而空，反而是那幾句「額外搭配」的評論讓人難以忘懷。

八、不要引起對方的曲解

一位年輕男子晚上在飯店碰到一位認識的女士，她正和一位女伴在用餐，兩人剛聽完歌劇，穿戴漂亮。這位男子不覺眼前一亮，很想恭維一下對方：「噢，今晚你看上去真漂亮，很像個女人。」對方難免生氣：「我平常看上去什麼樣呢？像個老太婆嗎？」

在一次管理層會議上，一位報告者登台了。會議主持人向略顯吃驚的觀眾介紹：

「這位就是劉女士，這幾年來她的銷售培訓工作做得非常出色，也算有點名氣了。」這末尾的一句話顯然畫蛇添足的讓人不太舒心，什麼叫「也算有點名氣」呢？

這些讚美的話會由於用詞不當，讓對方聽來不像讚美，倒更像是貶低或侮辱。結果自然是事與願違，不歡而散。

另外，你的讚美詞不能是對待小孩子或晚輩的口吻，比如：「小夥子，你做得很棒啊，這可是個了不起的成績，就這樣好好做！」

九、別讓對方的謙虛削弱了你讚美的作用

或許有些人很少受表揚，所以聽到別人讚美他時會不知所措。還有些人在受到讚美時想要表明，取得優秀成績對他來說是家常便飯。這兩種人面對讚美的反應幾乎一模一樣：「這不算什麼特別的事，這是應該的，是我的分內事。」

聽到對方這種回答時，你不要一聲不響，此時的沉默表示你同意他的話。這就好像在對他說：「是啊，你說得對，我為什麼要表揚你呢，我收回剛才的話。」

相反，你應該再次讚美他，強調你認為這是值得讚美的事。請簡短的重複一遍對他哪些方面的成績特別看重，以及你為什麼認為他表現出眾。

避免讚美中的陳腔濫調

公開演說時，讚美要有新意才會得到聽眾的認同。陳腔濫調每個人都會背，這樣的讚美會引起對方的反感，要引起對方注意，必須有別具一格的讚美語言。

有人說，讚美是所有聲音中最甜蜜的一種，讚美應該給人一種美的感受，但很多人的讚美語言乏味，淨是些陳腔濫調。特別是在公開演說的過程中，由於需要對不同的聽眾進行讚美，往往很容易出現單調，重複或者混亂的情況。讚美中的陳腔濫調有三種表現：

一、公式化的套詞俗語

一些初涉社會交際圈的青少年很容易犯這種忌諱，自己沒有社交經驗，見面就是久仰大名、如雷貫耳、百聞不如一見、生意興隆、財源廣進等俗不可耐、味同嚼蠟的恭維。這種公式化的套詞給人態度一般的印象，使人感覺對方缺乏誠意、玩世不恭，造成不好的印象。

公式化的套詞俗語，有時還會衝撞別人的忌諱。一位年輕小夥子到同學家去玩，見到同學的哥哥後上去就來了一套公式：「大哥你好，見到你真高興！久聞你的大名，如雷貫耳，百聞不如一見！」沒想到對方的臉從頭紅到脖子。原來，他同學的哥哥剛因打架鬥毆蹲了十五天的拘留出來，這個年輕小夥子根本不明情況就「久聞大名」的恭維了

一番，卻揭了對方的傷疤，教訓甚大。

二、鸚鵡學舌，說別人說過的話

一些人在公共場合讚美別人時，自己想不出怎樣讚美，只能跟著別人學話，附和別人的讚美。常言道：別人嚼過的肉不香。重複別人的讚美很難達到相對的效果。

古時候，朱溫手下就有一批鸚鵡學舌拍馬的人。一次，朱溫與眾賓客在大柳樹下小憩，獨自說了句：「好大柳樹！」賓客為了討好他，紛紛起來互相讚歎：「好大柳樹」。朱溫看了覺得好笑，又道：「好大柳樹，可作車頭」，實際上柳木是不能做車頭的，但還是有五六個人互相讚歎：「好作車頭」。朱溫對這些鸚鵡學舌的人煩透了，厲聲說：「柳樹豈可作車頭！我見人說秦時指鹿為馬，有甚難事！」於是把說「可作車頭」的人抓起來殺了。

每個人可能都有這種經歷。有個傳統就是別人讚美自己時，自己往往都要謙虛一下。如果是在人多的場合，大家眾口一詞的讚美某個人的同一件事，就會使他陷入很不自在的境地，越是最後幾個讚美的，如果是同樣的話，越讓他感到厭煩。

三、僅僅說些限於別人專長的話

每個人都有一技之長，大家往往都很容易發現這一點，讚美其專長的人也最多。時間長了，被讚美的人聽膩味了，對這方面的讚美也就不起作用了。比如一個畫家，人們肯定都關注他的畫技，對書法家人們可能僅讚美其書法水準。常言道：好話聽三遍，聽多了鬼也煩。

可見，陳腔濫調是公開演說時讚美別人的忌諱。那麼，怎樣才能避免陳腔濫調呢？

首先，讚美對方時要投入，抓住對方的心理去讚美

陳腔濫調往往是在不深入了解對方心理的情況下說出的疲於應付的話，無的放矢，沒有目標。只有把握住對方的脈搏，才能知道他此時的心情和需要，給予別出心裁的讚美。

其次，讚美別人專長以外的東西，比如業餘愛好等

聰明的人善於實施「迂迴讚術」，圍繞對方關注的但又不是專長的方面進行讚美。舉個例子說，大家都知道空姐們既漂亮服務又熱情周到，所以聽到乘客對自己容貌和服務方面的讚美太多了，可以說耳朵也起了繭子。一位黑人先生一次在下飛機時，很激動的對空姐讚美道：「我坐了這麼多次飛機，第一次遇到對我們黑人這麼友好的服務小姐。」這位黑人先生沒有讚空姐漂亮，也沒有讚其服務水準有多高，而換了個角度讚美空姐沒有民族歧視的品格，可謂別出心裁。

公開讚美更加有效

許多講話者經常在公開場合上對於他人進行表揚。事實證明，這種激勵方式雖然簡單，但它產生的效果卻是十分明顯的。正如下文，講話者借助新年賀詞的機會表揚下屬。

二〇一二年的鐘聲即將響起，寒冷雖然刺透骨髓，但陽光依然明媚，寒冷與溫暖交織而存，嚴冬孕育著春天的氣息。

在這辭舊迎新的時刻，在二〇一二年新年到來之際，我代表本衛浴公司，向工作在各個職位的家族全體家人致以最親切的問候和良好的祝願！恭祝各位新年快樂，身體健康，萬事如意！共同祝願家族事業興旺！

此時，撫今追昔，我們感慨萬千，展望前程，我們心潮澎湃，過去的一年是公司發展史上著有里程碑意義的一年，即將過去的二〇一一年，是我們家族成立的一年，也是所有員工迎接挑戰的一年，經受考驗，克服苦難，努力完成銷售任務的一年。

一年來我們在各店面老闆和主管的帶領下，以飽滿的工作熱情和奮發向上的精神狀態，取得了不錯的成績。在這裡，我感謝一年來全體陳氏家族人的不懈努力！

新的一年即將來臨，我們在品嘗美酒，分享喜悅的同時，還要清醒的認識到，在激烈的市場競爭環境中，我們依然面臨廣泛的機遇和嚴峻的挑戰，我們必須抓住新機遇，迎接新挑戰，以高度的使命感和責任感來推進我們陳氏家族的持續發展，全力以赴，打造每個品牌行業第一！

因為有夢，人類社會擁有了燦爛的文明，同一個夢想，讓我們聚成為了家族一家人！我們堅信，有我們全體員工的眾志成城，我們的目標一定會實現，我們家族一定會不斷發展壯大，向著更高遠的目標奮進，去續寫明天全新的燦爛與輝煌！

最後給大家拜個早年：祝大家新春快樂，闔家幸福，身體健康，萬事如意！

可以說，人的社會性決定了每個人都希望自己能夠得到他人的肯定與社會的承認，更希望這種肯定和承認能夠廣為人知。別人在特定場合對他的表揚，便是對他熱情的關注、慷慨的讚許和由衷的承認。這種關注、承認，必然會使他產生感激不盡的心理效應，乃至視你為知己，更加報效於你。同時，這種表揚，能夠激發其他人的上進之心，從而努力進取為創造更大的效益。

大會表揚的魅力是巨大的，因為它公開承認和肯定了受表揚者的價值。既能對受表揚的人達到很大的激勵作用，又會對其他員工產生推動作用。

三、公開場合的批評藝術

想批評人還不得罪人是很難做到的事，所以公開演說的時候一般都不會輕易指責別人。但在迫不得已要進行批評的時候，批評也是一門口才藝術，講出別人的錯誤還要讓別人心服口服的接受，不怨恨你，就要求你掌握靈活的批評技巧。

當眾批評要講方式

人們總是願意聽到那些自己想聽到的，因此，相對與讚美來說，批評總是讓人難以接受。對於公開演說者來說，批評聽眾的同時，無論對方是否意願，總是會在心中產生抵觸的心理，從而使本來要傳達給聽眾的理念受到一定的影響，甚至產生相反的效果。但批評又總是難以避免，畢竟，我們每一個人都不是生活在真空裡，就像我們身上要沾染許多病菌一樣，在我們的思想意識和言談行為上，也會不可避免的出現一些缺點、錯誤，積極開展批評，才能使我們保持身心健康。因此，當眾批評別人一定要講究方式、方法，這裡也有藝術性。否則難以達到預期效果。

那麼，採取什麼樣的批評方式才會取得好的效果呢？

一是體諒對方的情緒，取得對方的信任

這是使批評達到預期效果的第一步。「心直口快」作為人的一種性格來說，在某些方面的確可展現出它的優點，但在批評他人時，「心直口快」者往往不能體諒對方的情緒，圖一時「嘴快」，隨口而出，過後又把說過的話忘了，而在被批評者的心理上卻蒙上了一層陰影也失去了對批評者的信任。所以當你在批評他人時，不妨學會從別人的角度來看問題，設身處地的站在對方的立場考慮一下，自己是否能接受得了這種批評。如果所批評的話自己聽來都有些生硬，有些憤憤不平，那麼就該檢討一下措辭方面有何要修改之處。

二是誠懇而友好的態度

批評是一個敏感的話題，哪怕是輕微的批評，都不會像讚美那樣使人感到舒暢，而且，批評對象總是用挑剔或敵對的態度來對待批評者。所以，如果批評者態度不誠懇，或居高臨下，冷峻生硬，反而會引發矛盾，產生對立情緒，使批評陷入僵局。

因此，批評必須注意態度，誠懇而友好的態度就像一劑潤滑劑，往往能使摩擦減少，從而使批評達到預期效果。

三是用含蓄的批評來激勵對方

美國著名評論家亞森曾說：「真正懂得批評的人看重的是『正』，而不是『誤』。」

這裡所說的「正」，實際上就是隱惡揚善，從正面來加以鼓勵，也就是一種含蓄的批評，能使批評對象不自覺的改正自己的錯誤和缺點。可以說從正面鼓勵對方改正缺點、錯誤的間接批評方法，比直接批評效果會更快、更好。因為這種批評方法易於被對方所接受，從而產生良好的效果。

當批評難以避免時，那就要更加的小心謹慎，以防止傷害對方的自尊心。尤其是在當眾批評時，還有幾個問題務必引起注意：

首先，就事論事，勿傷及人格

批評他人，有什麼問題就說什麼問題，切勿把「陳穀子爛芝麻」統統翻出來，糾纏在一起，算總帳。這樣做，只能引起對方的反感。而揭對方的瘡疤，甚至傷害其人格，則最容易引起對方的憤怒，應絕對避免。

其次，具體明確，勿抽象籠統

在批評他人之前，先要明確是就哪件事或事情的哪個方面進行批評，那麼就以事實為基礎，越具體明確越好。抽象籠統，「一竿子打翻一船人」，別人就難以弄懂你的意思。

第三，語氣親切，勿武斷生硬

有什麼樣的態度就有什麼樣的用語。如果態度誠懇，語氣也必定會親切，讓人聽了心裡舒服；如果態度生硬，自以為是，別人也就不會買你的帳。有的人批評人時總喜歡用「你應該這樣做……」「你不應該這樣做……」，彷彿只有他的看法才是正確的，這種自以為是的口吻只會引起人的反感。

最後，建議定向，勿言不及義

批評和建議是緊密聯繫在一起的，批評的主要目的是希望對方能改正缺點、錯誤，從而向正確的方向發展，所提的建議當然應該是為對方指出方向。但有的人提的建議不具體，讓人糊里糊塗，弄不明白。比如有客人要來家吃飯，妻子對丈夫說：「你能不能不老在那看報？」不如說：「你能不能幫我擺好桌椅、碗筷，客人就要來了。」這樣就從另一個角度婉言批評了丈夫的懶惰，同時給他指明了改正的方向。

當眾批評應遵循的原則

當我們在公開的場合批評別人的時候，不僅被批評者在聽，其他的聽眾也同時在場。經常可以看到被批評者挨訓，周圍人噤若寒蟬的現象。有時候批評的效果沒有達到，反而使整個場合的氣氛變的十分的壓抑。因此，批評別人要千萬小心，當眾批評別人不能停留在錯誤的表面，也不能藉此發洩自己的不滿。批評是為了幫助別人糾正錯誤，任何批評都不能偏離這個前提。

如果到了非批評不可的地步，請遵守下面介紹的幾個原則。

首先，只說眼前，不提過去

批評並不是回顧過去，而應該站在如何解決當前的問題，將來如何改進的立場上進行，最重要的是將來，而不是過去。

重視現在，而不是過去。不追究過去，只將現在和將來納入需要解決的問題，亦即不是責備已成的結果，而是對今後如何做有所「鼓勵」，這樣的批評法才是理想、得當的說服法。

其次，只論此事，不言其他

如果一次批評許多事情，不僅使內容相互抵消，而且還可能把不住重點，同時也容易使受到批評的人意志消沉。

在現實生活中，尤其是面談時很容易出現這種情形，日常的工作場合說話的機會很少，所以便趁面談的機會把過去的一切全盤托出。因此會產生對抗的心理，為了有效的說服，應該盡量避免這樣的情形出現。

第三，別用批評來發洩心中的不快

所謂的「批評時不可加入感情」，意思是說責備別人時要公事公辦，不要混雜私人的不快感情，而是進行冷靜的批評。可是，批評是人的感情行為，不可能脫離感情，那種如同戴面具的批評是令人生厭和有違自然的。因此，如何正確的表現感情就成為批評重要的一環。換句話說，透過批評表現出自己的感情打動下屬的心，才是有成效的批評的說服。

要想真正達到當眾批評的效果，絕不能把自己表現得完美無缺，高高在上的批評對方。這樣只是使批評的一方獲得自我滿足，毫無半點成效。而應該將對方的缺點和錯誤看成是自己的，抱著希望對方能發現自己的過失和錯誤並給予糾正的心情。

也就是說批評對方也等於批評自己。因此，公開演說時候批評別人，必須以責己之心來批評對方，最好在指出對方過失的同時，也說明自己不足的地方，否則就收不到真正的批評效果。

給批評加一層「糖衣」

在很多人看來，當眾批評肯定是一件丟臉的事。無論被批評者是對是錯，當他被批評的那一剎那，就被打上了一種特殊的「標籤」。成為其他人眼中的另類。所以，即使對方所犯的錯誤必須批評，受批評者往往也會產生排斥感，使批評的效果大打折扣，即批評的負效應。會說話的人總是能夠很恰當的把握批評的方法尺度，使批評達到春風化雨、甜口良藥也治病的效果。

美國南北戰爭時期，某屬下向林肯總統打聽敵人的兵力數量，林肯不假思索便答：

「一百二十萬至一百六十萬之間。」下屬又問其依據何在，林肯說：「敵人多於我們三四倍。我軍四十萬，敵人不就是一百二十萬至一百六十萬嗎？」為了對軍官誇大敵情、開脫責任提出批評，林肯巧妙的開了個玩笑，借調侃之語嘲笑了謊報軍情的軍官。這種批評顯然比直言不諱的指斥要好多了。

其實，許多時候批評的效果往往並不在於言語的尖刻而在於形式的巧妙，正如一片藥加上一層糖衣，不但可以減輕吃藥者的痛苦，而且使人很願意接受。批評也一樣，如果我們能在必要的時候給其加上一層「外衣」，也同樣可以達到「甜口良藥也治病」的目的。

比如任何父母對孩子都有很高的期望，在很早便已替孩子的未來描好自己心裡所想的輪廓。實際上，這往往變成父母的一廂情願，孩子完全無意照他們的想法行事。每當面臨這種情況時，大多數的父母常忍不住如此責批評小孩子：

「你為什麼不聽我的話？」

「你現在不聽話，將將來沒出息可別怨我！」

這些話能不能算是批評呢？誠如以上所強調，所謂批評乃是為了改變現況，使將來變得更好。若以這個觀點來看上面兩句話，顯然只是生氣的語言罷了。事實上，批評若單純的只是一種生氣的行為，人們就不需為它大傷腦筋了。在批評他人時，我們至少得

三、公開場合的批評藝術

考慮到三件事：

首先，如何使對方能率直接受？

其次，如何讓對方激起更高的意願？

最後，怎樣才不致傷及對方的自尊？

在批評他人之前若能先考慮到上述幾項，便不致使用過於嚴厲的話語，像翻舊帳般的施予對方無情的抨擊，即使對方是個孩子。

正如讓小孩子在挨罵時「明白自己為什麼挨罵」。當他們已經有了這種自覺後，身為父母者尚不知節制的逼他們俯首認罪，或者當眾羞辱，自然不可能出現好的後果。

因此，有兩點必須讓被批評者知道：

一是做哪些事時別人會有哪些想法？

二是做錯事時別人很少會寬容！

將這些事情交代清楚之後，下次批評別人時，就能讓他從錯誤中學習，知道收斂、改變自己的行為。所以，當眾批評絕非僅把想說的話說出口，如何讓對方接受更為重要。就像在工作場所指點部屬一樣，務須告訴對方缺點何在，使他願意改進，這才是批評的目的。

慎用公開批評

在公開場合批評別人在所難免，畢竟，人無完人，每個人都會犯錯誤，而且並不是每個人都能意識到自己的錯誤，本來是無心之過你再當眾批評指責無疑是雪上加霜，寬容和忍讓是最好最有效的批評。

人不可能是完美無缺的，但令人遺憾的是，許多人總是期望別人是一個完人，而且他們還花費大量時間去尋找對方的不足之處。

有一種情況確實難於處理，這就是你在多大程度上可以忍受別人的不足？你是否可以對他們的微小錯誤視而不見？當別人違背了你一直保持的做事標準時，你是否應當給予懲罰？你是否應當提醒別人注意他們的錯誤？這些問題確實令你左右為難。如果你裝著視而不見，由此擔心別人趁機利用這一點，並使之繼續蔓延；如果你時時給予關注和處理，又擔心他們視你為多事之人，把你當作一個不管別人多麼努力而從不對他們表示滿意的完美主義者。你應當站在對方的一邊，對他人的缺點和不足表示容忍和理解，這是一個人的重要特質。絕不要動輒當眾批評，或者造出一種令人驚恐的氣氛。如果別人出現某一錯誤時，他們不用擔心自己即將遭受處罰，那他們勢必會更好的工作。

實際上，對於別人的錯誤，最好是從中總結更多的教訓而不是當眾批評。

如果偶爾發生下面的事情，你應該寬容處之：

·別人某一天遲到；
·當你認為別人應當告訴你某一事情時，他們卻沒有；
·別人遺失了一份重要的文件；
·別人向顧客提供了一個錯誤資訊；
·別人沒有積極主動的解決某一問題；
·別人忘記了某一事情或違反了某一規則；
·別人不顧制度而自行其是；
·別人做錯了某一事情；
·別人無意得罪了你。

當然，寬容也得有個限度。如果別人經常不斷的未能達到你的標準和要求，並且最終導致很大的損失。這時，你應當完全介入，並且公開批評。

當我們與別人一起工作時，關鍵是要找到你們各自價值的最大共同點。強制實施是毫不管用的。當今時代，你不可能迫使別人去改變那些令你無法角逐的東西，你只能制定一種制度和程序，讓別人根據你對他們的工作需要而自我檢查其價值和行為。在此過程之中，你必須保持適度的寬容和容忍，慎用公開批評。

讓對方講述他的看法

批評別人的目的是讓對方意識到自己所犯的錯誤，從而進行改正，並在將來避免重新犯錯。要想達到這個效果，就要在批評別人的同時，也徵求對方對此事的看法，而不是從自己的主觀願望出發，只顧批評不想效果。當眾批評別人而不顧對方的看法，就是把你的意見強加到別人身上。這樣談話建立的基礎就非常不平等，自然對方不會服你。要想使批評真正發揮作用，就應先了解一下別人是怎麼想的。

大多數人要使別人同意他自己的觀點時，把話說得太多了，就會常犯這種錯誤。盡量讓對方說話，他對自己事業和他的問題，了解得比你多。即使你在批評別人的時候，也要向對方提出問題，讓對方講述自己的看法。

如果你不同意對方的看法，你也許會很想打斷他的講話。但不要那樣，那樣做很危險。當他有許多話急著說出來的時候，他是不會理你的。因此你要耐心的聽著，抱著一種開放的心胸，要做得誠懇，讓他充分說出他的看法。

盡量讓對方講話，不但有助於處理工作方面的事情，也有助於處理家庭裡發生的矛盾。

魏爾生和他女兒洛瑞的關係快速的惡化下去，洛瑞過去是一個很乖、很快樂的小孩子，但是到了十幾歲卻變得很不合作，有的時候，甚至於喜歡爭辯不已。魏爾生太太曾經教訓過她，恐嚇過她，還處罰過她，但是一切都沒有效果。

一天，魏爾生太太放棄了一切努力。洛瑞不聽她的話，家事還沒有做完就離家去看她的女朋友。

在女兒回來的時候，魏爾生太太本來想對她大吼一番。但是她已經沒有發脾氣的力氣了。魏爾生太太只是看著女兒並且傷心說：「洛瑞，為什麼會這樣？」

洛瑞看出媽媽的心情，用平靜的語氣問魏爾生太太：「你真的要知道？」

魏爾生太太點點頭，於是洛瑞就告訴了媽媽自己的想法。開始還有點吞吞吐吐，後來就毫無保留的說出了一切情形。

魏爾生太太從來沒有聽過女兒的心裡話，她總是告訴女兒該做這該做那。當女兒要把自己的想法、感覺、看法告訴她的時候，她總是打斷她的話，而給女兒更多的命令。

魏爾生太太開始認知到，女兒需要的不是一個嚴厲的母親，而是一個好友，讓她把成長所帶給她的苦悶和混亂發洩出來。過去自己應該聽的時候，卻只是講，自己從來都沒有聽她說話。

從那次以後，魏爾生太太想批評女兒的時候，就總是先讓女兒盡量的說，讓女兒把她心裡的事都告訴自己。她們之間的關係大為改善。不需要更多的批評，女兒再度成為一名很合作的人。

在當眾批評別人之前，不妨使對方先就此事表達自己的觀點，試著去了解別人，從他的觀點來看待事情，就能避免可能發生的爭執，使你得到對方一定程度上的認同，減少摩擦和困難。

記著，別人也許完全錯誤，但他並不認為如此。因此，不要責備他，試著去了解他。

別人之所以那麼想，一定存在著某種原因。查出那個隱藏的原因，你就等於擁有解答他的行為、也許是他的個性的鑰匙。

試著使自己置身於對方的處境。如果你對自己說：「如果我處在他的情況下，我會有什麼感覺，有什麼反應？」那你就會節省不少時間及苦惱。

四、會說話更會收話

一次精彩的公開演說，不僅展現在鮮明的主旨，動人的言語，還要展現在如何收尾上。什麼時候才是結束發言的最佳時機？如何才能讓自己的結尾更加響亮？要想避免講話出現「虎頭蛇尾」的現象，請認真給自己的發言一個結尾。

在聽眾最深刻時結束

每一位公開演說者都希望自己的演說能夠給聽眾留下最深刻的印象。但具體到如何操作，卻常常很難達到讓自己滿意的效果。無論是講話內容的設計還是演講現場的反響，真正要想聽眾牢記你所要說的，就必須把握「高潮」。在講話達到高潮時候及時結束。正如戴爾．卡內基所說：「當聽眾聽到最深刻時，你就應該設法早些結束了。」

在演講中，哪一部分最可以顯出你是熟練的還是沒有經驗的？你是敏捷的還是笨拙的？問題很簡單，就是在開頭和結尾。戲院中有一句老話：「從上場和下場的精神上，就可以知道他們有沒有本領的。」這句話雖然單指演員，然而對演講者也很適用。我們看下面這篇演講：

人們普遍的印象是房地產是保值的，這應該是建立在規範的市場和合理的價格前提下。這在大陸目前恐怕是虛妄，想想房子越來越舊，土地的使用年限越來越少，商品房的價值如何得以保值呢？而且還有一個問題要考慮，買的時候的價格是不是合理，如果比合理價格低，那麼房屋將有上漲的空間。如果是高於合理價格，則不僅不保值，反而是要縮水的。

買房子投資無非是兩種方式，要麼用來出租拿租金，要麼等漲價後賣出去，賺差價。

我們先來分析作為出租的投資，任何投資要有一定的收益率才值得投資。一般認為如果房屋靠租金十到十五年能收回全部貸款，那麼這個投資是值得做的。據說某城市的商鋪購買價為一百萬元，而租金卻只有九百元一個月，這麼算來，不考慮空租時間，將需要一百年才能把貸款收回來，那時房屋的土地使用權早就到期了，靠租金根本不可能把本錢賺回來。再說有誰會有這樣的耐心去等待一百年，享有一百年後的收益。購屋時這樣的瘋狂不知道出於何種驅使。

買房子等漲價後再賣出去，來賺取差價，就像買賣股票只看漲跌，透過低進高出賺取短期的差價，而不問實際價值，作為短期的投機行為炒房團就是專職做這種事。人們看到的一個事實是一個社區從開盤就一直往上漲。其實，這是開發商的一個策略，故意製造的漲價現象。漲多少都只是一個數字上的遊戲而已，只有能變現才能真正獲得漲價帶來的實際利益。房屋進入中古屋市場一定要降價，很簡單的道理，中古屋交易要另外繳規費和其他交易費用，這兩筆費用是很高的。只有這些費用加房價仍然不高於新房子的價格才對購買者有吸引力。有炒房團的存在，說明這個漲幅還是很大，大於進入中古屋交易損失費用，看來短期的投資還可以去做的。

開發商強調土地的稀缺性來說明房屋上漲的必然性，說明房子有保值的價值，值得作為長期的投資。這顯然是個誤導，土地資源有限，人們對房屋的需求不是無限制的，

市場最終是要飽和的，我們不能預測以後房價的漲跌，但是當大量的空屋，買主有了更多選擇餘地的時候，手頭握著幾套房還能待價而沽嗎？

這個發言的結尾用疑問的方式給人以深刻的反響，甚至不由的自問：真會如此嗎？不論做什麼事，開頭和結尾，都是最不容易做得良好的。例如你去參加一個宴會，在進門時的寒暄以及告別時的態度，就可以看出是不是老練。在做商業訪問時，最難得是順利的開頭以及獲得成功的結果。

在公開演說中，最重要的一點還是在結束上：因為最後的字句，雖然已經停止，但仍在聽眾的耳中旋轉，使人記憶最久。可是許多人很少注意到這一點，他們的結束，常常是失之平淡而不能盡意。

給結尾一個亮點

每一個成功的演講都包含一個亮點，這個亮點能夠吸引聽眾的注意力，讓他們能夠受講話的影響。如果你將這個亮點放在演講的結尾部分，更能夠使自己的演講讓聽眾牢牢記住。如果你自己很難控制住講話的進度，在公開演說中有一個好方法是演講之前應該把結尾的亮點部分準備純熟。因為一開始講話後，你全副的精神早已貫注在所講的話上了，無暇臨時去想應該怎樣結束。當你需要結束講話的時候，就適時將這個亮點

拿出來。

公開演說在發言的時候需要注意刪削以適合未能預料的變化，配合聽眾的反應。如果在事前能夠準備好兩三段不同的結束語，更是一個聰明的辦法：因為這一個不適用，那一個也許可以。

有許多人在演講的中途，就隨便的說，這好像一輛汽車，中途突然亂開，不但大大的糟蹋了汽油狼狽的掙扎一陣，而且將得到一個不堪設想的結局。矯正的方法，就是要多練習。特別是練習用亮點來結束講話。

千萬別犯停止得太唐突的毛病，他們結束的方法未免太欠圓滿了，其實他們並沒有結束，只是唐突的中止。正好像一位朋友正在談話，突然魯莽的站起來走了，連一句告別的話也不說一樣。

美國著名的總統林肯，在就任第一次大總統時所草擬的演講辭也發生了這種錯誤。那篇演講，發表在非常緊張的時刻，分裂和仇恨的烏雲已經布滿了上空。幾星期後，血腥和破壞的暴風雨便吹遍全國了。他對南部民眾的演講，本來預備的結束是：「不滿意的國人們，在你們的手裡，抓住了內戰爆發與否的動力，如果你們自己不做侵略者，政府是絕對會攻擊你們的。你們雖然不曾立下一定要推翻政府的誓言，我卻有一種神聖的約定，要決心保護政府和扶助政府。在你們沒有立誓不破壞政府之前，我絕不會畏縮而不去衛護政府。『戰爭？和平？』這個嚴重的問題，完全操在你們的手中！」

林肯拿這篇演講稿交給國務卿席華德看。席華德指出這結束太魯莽一些，易於激怒聽眾，因此他擬了兩篇，林肯接受其中的一篇，略加修改，然後發表。結果他就任第一次大總統的演講，不再有易招人怒的唐突，充滿了優美的詩意而達到了友善的頂點。那結尾是：「我們是朋友而不是仇敵。雖然我們的情緒，有時候相當緊張；但我們的友情，卻不能因之而破裂，我們絕對不應該成為仇敵的。神祕的音弦，將奏出全國統一的歡歌，透過每一個戰場，烈士的墳墓，到廣大地域的生靈和家園裡。」

公開演說怎樣把自己的情緒，很恰當的用在演講的結尾呢？這是沒有機械的規則的，它和一個人的修養一樣微妙得很。它完全是一種感覺，但這種感覺是可能養成的，就是多多學習一般大演說家所用過的方法。下面有一個很好的例子，是威爾斯親王在加拿大的一家俱樂部演講的結尾：

「諸位，恐怕我說得離題太遠了，並且關於我自己的話也講得太多了。但是，我今天能和諸位說出了我自己的地位和責任，真是十分榮幸。我可以向諸位擔保，我一定盡我的力量去完成我重大的責任，絕不辜負諸位誠懇的信託。」

這一段話，即使一位沒有文化的農夫聽了，也會立刻知道他的演講已經結束，而不像一縷遊絲似的仍在空中搖曳。真可說是圓滿異常！

已故牛津大學校長，曾經對於林肯的第二次總統就職演說，讚譽備至，稱之為「人類中最光榮而最寶貴的成績之一，是神聖的人類雄辯的真金。」我們現在節錄在下面：

「我們對於大戰災禍能夠早點結束，都很熱誠祈求。但是，如果上帝還要使戰爭繼續下去，並把世人辛苦了兩百五十餘年積下來的財產完全花盡，受到鞭笞的身體還要受一次刀槍的殘害，那我們還是說『上帝的審判，完全是真實而公平的。』不論對什麼人，都要慈愛而不要怨恨，我們還是遵照上帝的意思，堅持正義，繼續努力，完成我們的工作——整頓我們已經殘破的國家，紀念我們戰死的烈士，以及戰爭而造成的孤兒寡婦，以達到人與人之間的永久和平。」

讀過一些名人口中最美妙的演講結尾，你們感覺到怎樣？你們能不能找出一些比這更仁慈更熱情的結束語來？

當然你也許不會像林肯那樣，得到發表不朽演講的機會。你的目的，也許只要能夠在聽眾面前，比較圓滿的結束一篇短短的演講。但為什麼不把他們用亮點結尾的好方法學過來呢？

只要你能常常應用這些步驟，是不易失敗的。應該把結尾語早已想好，溫習幾遍，溫習後雖然不能批發字句完全一一背熟，但意思非完全記住不可。

突出重點的結尾

由於種種因素，很多當眾發言的時間長短不一，發言的內容或是因為沒有事先準備往往也會講到離題目極遠的範圍中去。在這種情況下，當演講者講完的時候，聽眾對於他那篇演講中的要點，早已弄不清楚了。

一般演講者大都不明白這一點，他們以為他們的腦海中，對於自己演講中的整個要點十分清楚，所以聽眾也應該和他們一樣清楚。其實，演講者把他要說的話，事前已經有過多時的思量，所以他當然是十分清楚的，可是聽眾方面，他們是完全生疏的，所以演講者的話，好像是一股吹到聽眾身上去的輕風，他們雖然是吹中了，可是，大部分還是沒有反應。他們雖然聽到一堆話，但是他們對這一堆話始終沒有一句完全了解。所以，在結尾不妨突出一下重點。

給結尾一個絕妙

演說要結束時，你必須在聽眾的微笑中說「再見」，你能做到這一步，可說結尾的技巧已經十分純熟。但是，要想完美的做到這一點，完全得由自己去不斷練習。

美國的路易．喬治對一群公理會的教徒演講關於約翰墳墓破損的十分嚴重的問題，誰都不奢望他在結束時會使聽眾發笑。然而，他竟很聰明的做到了。我們且看他是怎樣做法的：

你們大家都動手修理他的墳墓，這是我十分高興的。這一座墳墓，是應該受尊敬的，他是一位極端的厭惡不整潔的人，他曾說過：『永遠不要讓人見到一位衣裝襤褸的公理會教徒。』，由於他這個主張，所以至今諸位永不再見到衣服襤褸的人，如果你們讓他的墳墓傾頹，豈不太不像話了嗎？他曾走過一家人家的門口，門內跑出了一位少女，向他喊道『維斯萊先生，上帝保佑你。』他的回答是『年輕的女郎，要是你的臉蛋和衣裙乾淨些，那你的祝福當更有價值了。』，這就是他厭惡不整潔的一種表示，所以我們也不能讓他的墳墓不整潔的。倘使他的靈魂在這裡經過，見到了不整潔的墳墓，那他將比任何事都更傷心的。這是一座值得紀念而崇敬的聖墓，你們必須要好好加以看護，這是你們的責任啊！

講話結尾的各種方式，如果做得恰當，最容易討好的，莫過於幽默的引用名句了。引用適當的詩文的名句來結束，是最理想的，最能顯示你那高尚和清逸。

英國的庫布爵士在愛丁堡大會席上對俄國的代表演講，演講辭的結尾是：「你們回去之後，就會寄給我一張明片的。即使你們不寄的話，我也必要給你們每位寄一張，而且你們很容易猜到是我寄的，因為在上面不貼郵票。我將在上面寫著：『季節自來自去，萬物按時凋零，唯有那我對你們的仁愛，永遠像鮮花般的豔麗芬芳。』」

這一首詩極合庫布的個性，而且也極合他全篇演講的旨趣，但如一篇嚴肅的演講的結尾，也來引用了這首詩，那也許會弄得不但不合，且極可笑。

「步步加強法」這是一層高一層，一句比一句有力量的一種結束演講的最普通方法。不過，這方法不易運用，而且也不是一切演說家對所有的題材最能合用的。但是，如果用得恰當，結果一定十分好。

林肯把那尼加拉瀑布作為題材的演講，就是步步加強法的結尾。我們看他怎樣使一句比一句有力，他怎樣把哥倫布、耶穌、摩西、亞當等的時代和這那尼加拉相比而獲得了步步加強法的效力。

遠在很古以前，當哥倫布最初發現這一塊大陸，而耶穌被釘在十字架上，當摩西率領了以色列人渡過紅海時，甚至亞當從創世主的手裡出來，一直到現在，那尼加拉瀑布一直在這裡發著怒吼，古代的偉人，像我們現代人一樣，他們曾經見到過那尼加拉瀑布。比人類第一個始祖還要老的那時的那尼加拉瀑布和現在瀑布同樣的新鮮有力。前世紀的龐大的巨象和爬蟲，也曾見到過那尼加拉瀑布。從那樣久遠的年代，一直到現在，那尼加拉瀑布從未有一刻鐘的靜止，從不乾涸，從不冰凍，從不睡去，從不休息。

這結尾十分有生氣和活力，雖然重在實用的現在，看了好像太華麗一些，但還是十分有趣的。

絕妙的結尾不僅能表達你在講話中所要表達的意思，更能夠使聽眾牢牢的記住你本人。也許之前你們並不相識。但透過一次講話或許就能打開友誼之門。

及時收尾無遺憾

很多公開演說的時候，因為環境的變更而不得不提前結束。但講話者正好講到一半，無法收尾從而給聽眾留下不好的印象。

如果說話者沒有按場合及時收尾的能力，他不但不會受人歡迎，而且，有的時候還會因為發言不完整而留下遺憾。

阿諾·史瓦辛格曾在訪問的時候，做了一段話來介紹自己的一生。

我出道時是個舉重運動員。自從第一次將槓鈴高舉過頭頂之際，我就為此感到異常興奮。那時我知道，這就是我將來要做的事情。

我還記得最初那次真正的訓練。當時我騎著自行車前往一家健身房，那裡離我家所在的奧地利小村莊有八英里之遙。在那裡我訓練了半個鐘頭，因為他們說訓練必須半小時休息，否則你會全身疲痛。後來我看看自己的身體，什麼事沒有！於是我想，「最好再練半小時吧。」就又多舉了幾下。可是力量並未因此增強，也不見肌肉鼓起來。然後我又練了半小時，再加半小時……結果總共練了兩個半小時。

後來，我騎車回家了。剛走一英里，我頓覺四肢麻木，連車把都感覺不到了，結果整個人從車上摔下來，掉進了路邊的水溝裡。第二天早上起床，我渾身痠痛，連舉手梳頭都無能為力，只好叫我母親替我梳頭——這真令人難堪！可你知道嗎，我獲得了非常重要的一次教訓，即：要想進步就得吃苦。

經過兩三年意志上的磨練和體力上的鍛鍊，我確實改造了自己的身體，力氣也變大了。這件事告訴我，如果能大大的改變身體，我就能改變一切：我能改變習慣，改變智力，改變態度，改變思想，改變未來，改變人生。事實上我已經做到了。我想這一教訓適用於人，也適用於國家。你能改變，世界上每個人都能變。

我還記得第一次到美國參加世界健美錦標賽。當時我輸了，絕望無比。我就像一個失敗者，一個遭受慘敗的人。我哭了，因為我感到讓朋友失望了，也讓自己失望了。但第二天，我重整旗鼓，改變了態度，並對自己說，「我要吸取教訓。」從那時起，我不斷努力，事業從此飛黃騰達，我實現了自己想做的一切——首先成為健美冠軍，接著成為電影明星，後來當上了加州的州長。

這一切的實現都是因為我的夢想，即使別人說我的那些夢想都是虛偽而荒唐的，但是我仍堅持不棄。在好萊塢，他們曾說，「你絕不可能成功，你一口德國音。在好萊塢還沒有一個說話帶德國口音的人能成功的。飾演一些納粹角色你倒是可以，但有口音的

人想成為主角是不可能的。還有你的體形，一身肌肉，太過發達了！二十前他們是拍過大力士的電影，不過早過時了。還有你的名字，阿諾．史瓦辛格，根本不適合上電影海報。算了，你不會成功的。還是回去做你的健美運動去吧！」

其餘的都成了往事。演完《魔鬼終結者3》之後，我便成為好萊塢片酬最高的明星。但外界的質疑從未中斷過。我競選州長時還有人說，「阿諾，你永遠當不上加州州長。你也懂政治？」而我依然參加了競選。我相信自己的夢想，其餘的都已成昨日黃花。我最終當上了州長。因此，那些夢想總引導著我不斷向前——健美運動給了我信心，電影給了我財富，而公共服務以及當州長給了我更大的決心。

阿諾．史瓦辛格精彩的人生可能再加一倍的篇幅也說不完。但訪問的時間緊迫，使得他只能及時的收尾。

為了適應環境的變更，講話者一定要有及時收尾的能力。你必須努力搜尋好幾種演講的開頭和結尾，在關鍵的時刻選擇最妥善的拿出來應用。

第四章　能言善辯，應對各種危機和挑戰

公開演說並非總是一帆風順，因為你的聽眾並不完全都是你的擁護者，總有詆毀你的人，總有厭惡你的人，總有想使你難堪的人。他們會抓住你的漏洞，進而攻擊你，破壞你的講話，以達到其目的。面對講話時可能遇到的各種危機，你要鎮靜的面對尷尬的局面，靜下心來快速應變，及時彌補自己語言上的缺失，巧妙的回擊那些不壞好意的挑戰。使你的講話能夠順利的度過「雷區」從而取得原本應該得到的效果。

一、冷靜應對當面詆毀你的人

在公開演說的過程中，總有那麼一些人喜歡自以為是，對他人橫挑鼻子豎挑眼，動不動就將別人的學識、能力或全盤或局部的加以否定。還有一些別有用心的人針對你發動攻擊，使你無法順利發言。面對這種情況，驚慌失措只會使你陣腳大亂，首要任務是平靜你的內心。

鎮定面對尷尬局面

人生在世，很難真正做到一帆風順。在公開演說的過程中，同樣會碰到一些意想不到的事情，也許是你的言語失態，也許是周圍環境令你始料不及，也許是對方反應不如事先預料的那樣敏捷。種種因素讓你的講話要麼發言被迫中斷，要麼效果大打折扣，甚至你本來要傳達的理念在各種因素的干擾下「變味」。所以，當發言遇到尷尬的時候，就要學會控制環境，也就是要隨機應變，控制局勢，才不致使自己進退兩難。

有一次，著名作家馬克·吐溫一行二十餘人參加了道奇夫人舉行的家宴。

宴會不久就出現了常見的情況：每個人都在跟自己身邊的人談話，慢慢的，大家的聲音越來越高，整個會場亂糟糟的一片，簡直不像是在舉行宴會，而是處在熱鬧異常的菜市場之中。

道奇夫人面露難色，但她不能掃了大家的興致，馬克．吐溫也覺察到了這些，但如果在這時大叫一聲，讓人們安靜下來，其結果肯定會惹人不快，甚至鬧得不歡而散。怎麼辦呢？

馬克．吐溫心生一計，便對鄰座的一位太太說，要讓他們安靜下來，辦法只有一個：「您把頭歪到我這邊來，彷彿對我講的話聽得非常起勁，我就壓低聲音講話。這樣，旁邊的人因為聽不到我說的話，就會想聽我的話了。我只要嘰嘰咕咕一陣子，你就會看到，談話會一個個停下來，接著便會一片寂靜，除了我的聲音之外，不會再有其他任何聲音。」

那位太太半信半疑，但她還是按馬克．吐溫的話做了。於是馬克．吐溫低聲講了起來：

「十一年前，我到芝加哥去參加歡迎格蘭特將軍的慶祝活動，第一個晚上設了盛大的宴會，到場的退伍軍人有六百多人。坐在我旁邊的是××先生，他耳朵很不靈便，有個聾子常有的習慣，不是好好說話，而是大聲的吼叫。他有時候手拿刀叉沉思五六分鐘，然後會突然一聲吼叫，嚇你一跳。」

說到這裡，道奇夫人那邊桌子上的嘈雜聲果然小了下來，人們開始好奇的看著馬克．吐溫，寂靜沿著長桌，蔓延開來。馬克．吐溫用更輕的聲音一本正經的講下去：

「在有位先生不作聲時，坐在對面的一個人對他鄰座講的故事快講完了。我聽到他說『說時遲，那時快，他一把揪住了她的長髮，她尖聲叫喚，哀求著，然而他還是無情的把她的脖子按在他的膝蓋上，然後用刀子可怕的猛然一劃……』」

此時，馬克．吐溫的目的已經達到，餐廳裡一片寂靜。他見時機已到，便開口說明為什麼要玩這個遊戲。他是想請大家記住：參加宴會的人要有素養、要顧及他人的感受，在談論的時候最好一個一個來，而其餘人都要全神貫注的傾聽。

人們愉快的接受了馬克．吐溫的建議，晚上的其餘時間裡大家都過得很開心。而馬克．吐溫也很得意：「我一生中從來沒有任何時候比這次更高興了，這主要是因為我偉大的舉動，我能夠維持秩序，控制環境……」

尷尬的環境有時並不是自己的因素。但如果遇見別人針對你做出的提問，而你的回答又可能導致不可預料的後果時，更應該冷靜對待。

假裝糊塗一笑而過

公開演說的目的是為了向聽眾傳達自己的主張。因此，並不是每一次遇到矛盾都要針鋒相對。清代著名畫家鄭板橋以一句「難得糊塗」讓後人回味悠長，對於那些與發言主旨無關的言語衝突，不妨糊塗一下，繞過去，以避免在這個問題上過多的計較，從而使發言偏離主題。

比如：在公開演說的過程中，如果有人當面貶低了你，但他突然又立即當面補救，造成先貶後褒的形勢，這就不必計較，糊塗一點，一笑置之。

小王對班長說：「昨晚的知識競賽很有趣，下次應該讓我去試試。」班長不假思索的說：「你不行！」小王聽了面露不悅，因為這句話非常明顯的暴露了班長對小王的評價，於是班長又連忙補上一句：「當然你的知識還是很全面的。」小王這才轉怒為笑。試想，既然小王「不行」，他怎麼能夠「很全面」呢？顯然，前後矛盾。可見「你不行」是真意，「你很全面」是假話。

對這樣的真貶假褒，為什麼主張糊塗一點，一笑了之呢？這是因為：

首先，班長畢竟馬上反應過來，覺得露了心底，就及時加上一句應急話，以作補救，這從客觀上起了糾錯作用，你就真假一起信，正負相抵，算了！

其次，班長並非全盤否定小王，只是說他參加這樣的知識競賽不行，尚不是根本性的貶低。所以你也就不必認真了，糊塗一笑，豈不很好！

溫和相待柔綿有力

俗話說：「水至柔而無形」。在公開場合發言時，柔綿有力的話語有時候比針鋒相對的反擊更加有力量。特別是在語言衝突越演越烈的時候，溫和有力的話語達到的作用不僅僅是「降溫」，更能讓對方爭無可爭。

人有很多種，有的人總是愛斤斤計較，說話時遇到這樣的人你越和對方計較，他會越和你爭辯，即便你取得了言語上的勝利，你在其他聽眾心目中的形象也會受到影響。在公開演說時遇到此類人，不妨溫和對待，不值得花費精力與其爭辯。

某校發生過這樣一件事：省教研部門組織幾名教師編寫了一本《數學》，出版發行之後，由學校一位負責人分配稿費。

有一個人嫌少了，就非常惱火，於是大爭大吵，甚至潑婦罵街一般的對這位負責人說：「我編的書你看不懂！」這個人的話明顯含有敵意，照說應該以牙還牙。但這位負責人沒有暴跳如雷，他先冷靜分析此人口出狂言的真正動機，他是為了賺錢，才當面貶低自己的，並不真正是對他個人有意見。

於是，他心平氣和的說：「你的書我看不看得懂這不重要，也不用你操心。你能有這麼高的水準，也應該有同樣的高人雅量，何必為區區幾十塊錢爭得大動肝火呢？」這位負責人幾句不慍不火的話，說得那位教師也覺臉上無光，就不好意思再爭下去了。

在公開演說時一定要記住：如果你碰上了難處之事難處之人，則應該「處難處之事越宜寬，處難處之人越宜厚」，用溫和對待爭辯，用柔綿反擊挑撥。這樣，對當面貶低你的人也是一種柔綿卻是很有力的警示和鞭策。

錯在自己坦率承認

當眾發言時遇到是自己錯了怎麼辦？這是很多人都會遇到的情況。是急於為自己爭辯，繼續堅持自己的錯誤，還是果斷的承認錯誤扭轉不利自己的局面？當話已出口，錯誤在所難免的時候，掩飾和堅持只會讓你落入下乘。會讓聽眾覺得你的品行有問題。如果錯真的在自己身上，倒不如坦率的承認自己的錯誤。用坦蕩來減小錯誤給你造成的損失。

不用擔心承認錯誤會給你帶來更大的損失，因為錯誤早已發生；也不用擔心承認錯誤會當眾丟了面子。不管普通人還是偉人，一生都會有許多錯誤，所以，公開演說出了錯誤也不是什麼大事。對一個欲求達到既定目標、走向成功的人來說，正確對待自己過錯的態度應當是：過而不文、聞過則喜、知過能改。

人們大都有一個弱點，喜歡為自己辯護、為自己開脫。而實際上，這種文過飾非的態度常會使一個人在人生的航道上越偏越遠。過而不文需要一種堅強的糾錯意識和寬廣的胸懷。一般人做不到這一點，首要的原因可能是虛榮心在作祟。一向認為自己各方面的能力都不錯，很少有失誤發生，久而久之，自然養成了「一貫正確」的意識，一旦真的出現過錯，則在心理上難以接受。出於對面子的維護，人們會找理由開脫，或者乾脆將過錯掩蓋起來。另外的原因是怕影響自己在他人中的威信及信任。其實，敢於正視自己的過錯，可能會更加得到聽眾的賞識與信任。

聞過則喜、知過能改是一種積極向上、積極進取的人生態度。只有當你真正認識到它的積極作用的時候，才可能身體力行去聞聽別人的善意勸解，才可能真正改正自己的缺點和錯誤，而不致為了一點面子去嫉恨和打擊指出過自己過錯的人。聞過易，聞過則喜不易，能夠做到聞過則喜的人，是最能夠得到他人幫助和指導的人，當然也是最易成功的人。而知過能改則是使一個人在激烈的競爭中從一個勝利走向另一個勝利的關鍵。「過而不改，是謂過矣！」有了過失並不可怕，怕的是不思悔改、一味堅持的人，這種人是很難走向人生的輝煌的！

格里．克洛納里斯現在北卡羅來納州夏恪特當貨物經紀人。在他給西爾公司做採購員時，他發現自己犯下了一個很大的估計上的錯誤。有一條對零售採購商至關重要的規則是不可以超支你所開帳戶上的存款數額。如果你的帳戶上不再有錢，你就不能購進新的商品，直到你重新把帳戶填滿，而這通常要等到下一次採購季節。

那次正常的採購完畢之後，一位日本商販向格里展示了一款極其漂亮的新式手提包。可這時格里的帳戶已經告急。他知道他應該在早些時候就備下一筆應急款，好抓住這種叫人始料未及的機會。此時他知道自己只有兩種選擇：要麼放棄這筆交易，而這筆交易對西爾公司來說肯定會有利可圖；要麼向公司主管承認自己所犯的錯誤，並請求追加撥款。正當格里坐在辦公室裡苦思冥想時，公司主管碰巧順路來訪。格里當即對他說：「我遇到麻煩了，我犯了個大錯。」他接著解釋了所發生的一切。

儘管公司主管不是個喜歡揮霍無度的花錢的人，但他深為格里的坦誠所感動，很快設法給格里撥來所需款項，手提包一上市，果然深受顧客歡迎，賣得十分火爆。而格里也從超支帳戶存款一事汲取了教訓。並且更為重要的是，他意識到這樣一點：當你一旦發現了自己陷入了事業上的某種盲點，怎樣爬出來比如何跌進去最終會顯得更加重要。

當你在公開演說時不小心犯了錯誤，最好的辦法是坦率的承認和檢討，並盡可能快的對事情進行補救。人們對錯誤都有同情、諒解之心，但對不承認錯誤的人卻難以原諒。當你犯了錯誤時一定要想清楚這一點。

二、及時彌補語言上的缺失

人有失足，馬有失蹄。失足了可以再站起來，失蹄了可以重新振作，而人失言了可以用妙語去彌補。發言失誤是公開演說中常見的一種困境，但是暫時的。在發言失誤方面，你雖然可以選擇保持沉默，但這不是最好的方式，你應積極尋找措施彌補自己的失誤。

及時改口補失誤

堅持是一種美德，但前提是堅持的對象值得人們去堅持。當你失言時，堅持並不會給你帶來讚美，只會讓了解真相的聽眾產生厭惡。所謂的堅持也就變相的變成了「死硬」。

歷史上和現實中許多能說會道的名人，在失言時仍死守自己的城堡，因而慘敗的情形不乏其例。

一九七六年十月六日，在美國福特總統和卡特共同參加的、為總統選舉而舉辦的第二次辯論會上，福特對《紐約日報》記者馬克斯·佛朗肯關於波蘭問題的質問，作了「波蘭並未受前蘇聯控制」的回答，並說「前蘇聯強權控制東歐的事實並不存在」。

這一發言在辯論會上屬明顯的失誤，當時立即遭到記者反駁。但反駁之初佛朗肯的語氣還比較委婉，意圖給福特以修正的機會。他說：「問這一件事我覺得不好意思，但是您的意思難道在肯定前蘇聯沒有把東歐化為其附庸國？也就是說，前蘇聯沒有憑軍事力量壓制東歐各國？」

福特如果當時明智，就應該承認自己失言並偃旗息鼓，然而他覺得身為一國總統，面對著的電視觀眾認輸，絕非善策，於是繼續堅持，一錯再錯，結果為那次即將到手的當選付出了沉重的代價。刊登這次電視辯論會的所有專欄、社論都紛紛對福特的失策作了報導，他們驚問：「他是真正的傻瓜呢？還是像隻驢子一樣的頑固不化？」福特的失誤無疑給了對手卡特一次非常好的機會。

如果坦率的承認可能給你造成巨大的損失，你不妨採取另一種策略來改變失誤造成的困境。比如：高明的論辯家在被對方擊中要害時絕不強詞奪理，他們或點頭微笑，或輕輕鼓掌。如此一來，觀眾或聽眾弄不清他葫蘆裡藏的什麼藥。有的從某方面理解，認為這是他們服從真理的良好風範；有的從另一方面理解，又以為這是他們不屑辯解的豁達胸懷。而究竟他們認輸與否尚是個未知的謎。這樣的辯論家即使要說也能說得很巧，他們會向對方笑道：「你講得好極了！」

同樣是美國的前總統，與福特相比，雷根就表現得高明許多。

一次，美國總統雷根訪問巴西，由於旅途疲乏，年紀又大，在歡迎宴會上，他脫口說道：

「女士們，先生們！今天，我為能訪問玻利維亞而感到非常高興。」

有人低聲提醒他說錯了，雷根忙改口道：

「很抱歉，我們不久前訪問過玻利維亞。」

儘管他並未去玻利維亞，當那些不明就裡的人還來不及反應時，他的口誤已經淹沒在後來滔滔的大論之中了。這種將說錯的地點時間加以掩飾的方法，基本上避免了當面出醜，不失為補救的有效手段。只是，這裡需要的是發現及時、改口巧妙的語言技巧，否則要想化解難堪也是困難的。

在公開演說中，遇到失言的情況，有三個補救辦法可供參考：

方法一：移植法。就是把錯話移植到他人頭上。如說：「這是某些人的觀點，我認為正確的說法應該是……」這就把自己已出口的某句錯誤糾正過來了。對方雖有某種感覺，但是無法認定是你說錯了。

方法二：引申法。迅速將錯誤言詞引開，避免在錯中糾纏。就是接著那句話之後說：「然而正確說法應是……」或者說：「我剛才那句話還應作如下補充……」，這樣就可將錯話抹掉。

方法三：改義法。巧改錯誤的意義，當意識到自己講了錯話時，乾脆重複肯定，將錯就錯，然後巧妙的改變錯話的含義，將明顯的錯誤變成正確的說法。

不妨顧左右而言他

公開演說出現失誤在所難免，如果在失實上繼續糾纏下去只會使自己更加不利。轉換話題，乘聽眾還沒有對你的失誤有較大的反應前，顧左右而言他，把聽眾的注意力從失誤上及時的轉移出去，能夠將語言上的損失降到最低的程度。

顧左右而言他是應對當眾話說中出現失誤的靈丹妙藥。既要撤退，就不宜作任何辯解，辯解無異於作繭自縛，結果無法擺脫。

某校某班在一次考試中，數學和外語成績突出，名列前茅。校長在評功總結會上這樣說：

「數學考得好，是老師教得好；外語考得好，是學生基礎好。」

在座群眾聽罷沸沸揚揚，都認為校長的說法顯得有失公正。一位教師起身反駁：

「同一個班，師生條件基本相同。相同的條件產生了相同的結果，原是很自然的事，不公平的對待，實在令人費解。原有的基礎與爾後的提高，有相互聯繫，不能設想學生某一學科基礎差而能提高得快，也不能設想學生某一學科基礎好而不需要良好的教學

就能提高。校長對待教師的勞動不一視同仁，將不利於團結，不能調動廣大教師的積極性。」

會場有人輕輕鼓掌，然後是一陣靜默。而靜默似乎比掌聲對校長更有壓力和挑戰意味。校長沒有惱怒，反而「嘿嘿」的笑起來，他說：

「大家都看到了吧，李老師能言善辯，真是好口才。很好，很好！言者無罪，言者無罪。」

儘管別人猜不透校長說這話的真實意思，然而卻不得不佩服他的應變能力：他為自己鋪了台階，而且下得又快又好。聽了上述回答後，無人再就此問題對校長追問。

轉移了話題就等於轉移的語言的方向，使聽眾沒有機會在你的錯誤上進行糾纏，即便有人想針對你的言語漏洞進行辯駁，也因為主話題的轉移而沒有機會。

轉換話題要有過渡

轉移話題雖然是掩飾公開演說時語言失誤的好方法，但也並非能輕易做到。在語言上的失誤與轉移話題之間不僅要及時還要有個良好的過渡。

公開演說時錯話一經出口，在簡單的致歉之後立即轉移話題，以幽默風趣、機智靈活的話語改變現場上的氣氛，使聽者隨之進入新的情境中去。

轉換話題時候不要過於刻意，不要太明顯，讓聽眾發覺你轉移話題的目的。最好有一個過度的階段，同時，轉化的話題與之前談論的內容不要偏差太大，防止講話的內容轉變幅度太大而給聽眾造成逃避的印象。

將錯就錯令人叫絕

在當眾發言時產生言語上的錯誤難免會被別人抓住作為攻擊你的藉口，但在有些情況下，如果能夠急中生智，將錯就錯，化解語言上的危機於無形，不失為挽救錯誤的好方法。

當你在公開演說時，因說錯話而陷入尷尬困境的情況，這或多或少會給你帶來負面的影響，因而錯話說出以後如何進行補救就顯得尤為重要了。為了使錯誤能夠及時得以補救，創造良好的發言氛圍，不妨急中生智從反面來說錯誤，將錯就錯。

將錯就錯是一個很好的辦法，這種辦法就是在錯話出口之後，能巧妙的將錯話續接下去，最後達到糾錯的目的。其高妙之處在於，能夠不動聲色的改變說話的情境，使聽者不由自主的轉移原先的思路，不自覺的順著我之思維而思維，隨著我之話語而調動情感。

某次婚宴上，來賓濟濟，爭向新人祝福。一位先生激動的說道：「走過了戀愛的季

節，就步入了婚姻的漫漫旅途。感情的世界時常需要潤滑，你們現在就好比是一對舊機器……」其實他本想說「新機器」，卻脫口說錯，令舉座譁然。一對新人更是不滿之情溢於言表，因為他們都各自離異，自然以為剛才之語隱含譏諷。那位先生的本意是要將一對新人比作新機器，希望他們能少些摩擦，多些諒解。但話既出口，若再改正過來，反為不美。他馬上鎮定下來，略一思索，不慌不忙的補充一句：「已過磨合期。」此言一出，舉座稱妙。這位先生繼而又深情的說道：「新郎新娘，祝願你們永遠沐浴在愛的春風裡。」大廳內掌聲雷動，一對新人早已笑得面若桃花。

這位來賓的將錯就錯令人叫絕。錯話出口，索性順著錯處續接下去，反倒巧妙的改換了語境，使原本尷尬的失語化作了深情的祝福，同時又道出了新人間情感歷程的曲折與相知的深厚，頗有些點石成金之妙。

將錯就錯並不是堅持錯誤，而是借錯誤來反說錯誤，最終改變原本錯誤的意思，而給人另一種感覺。

借題發揮表深意

借題發揮也是彌補自己在公開演說時產生錯誤的好方法。當別人發現你語言上的失誤時，巧妙的借題發揮，在錯誤的基礎上引申另一種主張。在這種情況下，聽眾就會搞不清你先前所犯錯誤的本意，原本的錯誤就可以成為引導聽眾到新的想法的橋梁，從而在不經意間掩飾錯誤的本身。

公開演說時的借題發揮不僅能彌補自己的錯誤，還能將聽眾的思維引到更廣闊的地方。或許，你可以借助錯誤來給聽眾表達出原本不方便表達的意思。

三、快速應變擺脫困局

在公開演說時，面對困局必須快速應變。否則你就會給對手留下擴大你失誤，進一步打擊你的機會。我們不妨利用各種技巧，擺脫自己在言語中的不利地位。抓住各種機會或假癡不癲、或裝聾作啞、或故作歪解來借局布勢。反應的越快，扭轉局面就越成功。

擺脫困局之假癡不癲

時常可以看到有人在公開的場合面對他人的指責出現聽不懂的現象。但你千萬別以為他是真的聽不懂。真實的情況可能是發言者無法回應或者不便回應，只能裝作聽不懂對方在說什麼。

假癡不癲是古代三十六計之一，是指表面糊塗，心裡卻很明白，用「假癡」偽裝自

己的真實目的，麻痺敵人，然後再反守為攻，克敵制勝。在論辯中，是指面對對方的謬論，假裝不明白，沒能發現他的本意，幫助對方把謬論發展到結尾，讓其鬧出笑話。

在公開演說中，「假癡」，關鍵要「癡」得逼真，要假裝出稀裡糊塗聽不懂的樣子，使對方以為自己的謬誤沒被發現，這樣，才能使論辯深入下去。而重要的還是「不癲」，心裡要清楚，而且要迅速思考出反駁對方的方法。要掌握好論辯的節奏，不能求之過急，更要把握好，不要「離題」，讓論辯一步一步的縱深發展。其實運用這種方法論辯，你是「導演」，也是「場記」，主動權完全在你手裡。

在西方某國，一個大型機場售票廳裡，許多旅客正排隊購買飛機票，秩序井然。突然，一個穿得筆挺的紳士，擠到最前面，粗暴的指責售票員工作效率太低，耽誤了他的寶貴時間，他唾沫四濺的大聲嚷道：「你們知道我是誰嗎？」邊說邊用手指著售票員，滿臉顯出唯我獨尊、不可一世的醜態。

售票員平靜的轉過臉去，對別的工作人員說：「這位先生需要我們幫助他回憶，他有些健忘，已經不知道自己是誰了！」售票員又對排隊買票的旅客問道：「你們有誰能幫這位先生回憶一下嗎？他已經忘記自己是誰了！」

一石激起千層浪。這些話在工作人員和旅客中引起一陣哄笑。在笑聲中，那紳士的臉羞得通紅，嘴唇哆嗦著，想說又說不出什麼，只得悻悻的回到後面，依次排隊。

這售票員使用的說話技巧就是「假癡不癲」法。那紳士說話的原意，人們是清楚的：他是在炫耀自己的身分，妄圖以此壓倒售票員，但售票員偏偏假裝聽不懂他的話，偏偏從他問話的正面來理解，引出了兩句使眾人發笑、讓紳士極為尷尬的話來。短短兩句話，就窘得那紳士無地自容。

有一班文武官員正在看《七擒孟獲》的戲劇。

一個武官：「真想不到，孟子的後代孟獲居然如此野蠻。」眾人聽後，不禁掩口而笑。

哪知一個文官介面說道：「仁兄所見極是，還是孔夫子的後代孔明強一些。」

這位文官的話對那個武官的「搞錯後代」進行了極富幽默感的諷刺。

為了當眾發言的最後勝利，我們不妨裝得淺薄一點，讓針對你的人自以為得計，而最後令其醜態百出。記住的一句話：「誰笑在最後，誰就笑得最好。」

擺脫困局之借局布勢

在公開場合的發言，掌握整個發言的「勢」很重要。「勢」能夠使你把握整個發言的導向，使說話的內容能夠朝著有利於你表達自己觀點的方向發展，並能在無形中打擊那些攻擊你的人。

俗話說，向別人扔汙物的人，會把自己弄得最髒。褻瀆別人的人，也同樣會受到人們的鄙夷。「借局布勢」的意思，是借其他局面布成有利的陣勢，雖兵力弱小，但陣容顯得強大。鴻雁高飛，橫空列陣，憑著羽毛豐滿的雙翼助長氣勢。這裡取其意用之，指在公開演說中借助對方的立論方式及客觀環境中一切有利的因素來打擊對方。

某青年素以愚弄他人而自鳴得意。

一天，同村的孫大爺趕著毛驢路過他家門口，該青年正在吃早餐，見孫大爺過來，便對他喊：「過來吃點東西吧！」孫大爺連忙應答：「謝謝你的好意，我已經吃過早餐了。」不料，這青年又鬧起了惡作劇，一本正經的說：「我沒叫你，我是在叫你的毛驢哩！」說完便得意的笑了起來。

孫大爺以禮相待，卻反遭這毛小子一頓侮辱，心中好不氣憤。「出門時我問你外面有沒有家人，你說沒有，沒有怎麼人家會請你吃東西？」說完又在毛驢屁股上抽了兩鞭子：「看你這畜生以後還胡說不胡說。」說完翻身上驢，揚長而去。那個以愚弄他人為樂的青年滿臉羞愧。

薑還是老的辣，小夥子終於鬥敗在老先生手下。小夥子心術不正，出口傷人，此乃邪惡小輩。老先生堂堂正正，安分守己，此為忠厚之人。邪惡譏嘲忠厚，真是大逆不道。老先生借助抽毛驢屁股這個戲劇性動作，創設了辯駁的環境，增強了反駁的力度，此謂「借局布勢」。古聖賢云：「得道者多助，失道者寡助，」但把話轉回來說，金無足赤，人無完人，人顧有小過，不會傷害整體形象，改錯仍是好人，小夥子被老先生猛擊一掌，定會自責、自醒的。

借局布勢，全憑著一種機智與應急能力，它是審時度勢的快速反應，是抓住環境並超越所處環境的較量。

擺脫困局之以謬制謬

當你在公開場合的講話因為對手的攻擊而陷入困局時，首先要做到的是靜下心來想一想，對方攻擊你的藉口是否完備？對方指責你的原因是否真實？對方本身在同一件事情上又做的怎麼樣？

當我們無法回應聽眾的職責時，不妨從攻擊者的立場出發，假設對方處於自己的情況下會怎麼做？把問題丟給發問者本身，讓他看來如何回答。

此法是精心設計的心理過程，透過有效的誘導與轉換，你會在不知不覺中突然面對荒謬，忍俊不禁。人們常說：「以其人之道，還治其人之身」，此為制勝的一個妙法，它與「請君入甕」的故事有著異曲同工之妙。

據《資治通鑑》記載，唐朝武則天的時候，有人告了周興，武則天命令來俊臣審理

此案。來俊臣假意與周興喝酒，問周興：「逼供最好用什麼刑？」周興說：「只要把犯人裝進大罈子，架上炭火一燒，就什麼都承認了。」來俊臣按周興的辦法準備好甕，周圍點上炭火，說：「有宮裡的命令要我審問老兄，請老兄入甕吧。」周興一看嚇壞了，只好招供。

以謬制謬法，與上面的故事極其類似。但是人們讀了上面這則請君入甕的故事，絕不會產生幽默感。其中的原因在哪裡呢？這正是這個話題所要談及的，之所以要舉出這個故事，就是要這樣論述。請看下面的這則幽默故事：

伏爾泰有一個很忠實的隨身童僕，可是他有些懶惰。

一天，伏爾泰對他說：「儒塞夫，去把我的鞋拿來。」童僕趕忙殷勤的把鞋拿來了。伏爾泰一看驚呆了：鞋仍然布滿昨天出門時沾的泥跡塵埃。他問道：「你怎麼早晨忘了把它擦乾淨？」

「用不著，先生。」儒塞夫平靜的回答，「路上盡是泥濘汙淖，兩個小時以後，您的鞋不是將要和現在一樣髒了嗎？」伏爾泰微笑著穿上了，一聲不哼的走出門去，童僕在他身後跑步追了上來：「先生，慢走！鑰匙呢？」

「鑰匙？」

「對，食物櫃上的鑰匙。我還要吃午餐呢。」

「我的朋友，吃什麼午餐呢？兩個小時後，你不也將和現在一樣餓嗎？」伏爾泰說道。

讀了這則故事，我們一定會發笑。它不像「請君入甕」的故事那樣給人一種冷峻的感覺，它給人帶來的是輕鬆——你看，童僕沒有及時擦鞋，伏爾泰並沒有嚴懲他，而是在他要食物櫃上的鑰匙的時候，用以謬制謬的方法，揭示了童僕推理上的荒謬，因此導致了幽默。這時，我們就會明白為什麼「請君入甕」的中不包含幽默的因素了。因為它不含有荒謬的成分，「嚴肅」占很大比重，說的是惡人有惡報，展示了惡人自食其果的可恥下場，與「伏爾泰的鞋」這則幽默故事不同。從心理學上講，在公開演說時候以謬制謬是一種精心設計的心理過程，它透過有效的誘導和轉換，使人在不知不覺中突然面對荒謬，產生忍俊不禁的情景效果。

丘濬一次到寺廟裡去拜訪一個和尚。這和尚揣測他不像個有錢又有勢的人物，愛理不理的，對他很傲慢。就在這時，廟門前響起了一陣吆喝聲，有個將軍的子弟帶了一班僕人，前呼後擁，前來拜佛。這和尚馬上換了一副臉孔，親自走下台階，躬身合掌，上前恭迎。

丘濬看了很不滿，等到將軍的子弟一走，就問和尚：「你對我這樣怠慢，對那些人卻又為什麼這般殷勤呢？」

和尚狡辯說：「阿彌陀佛，施主，你誤會了，你不知佛經上說『有就是無，無就是有』。剛才我是『接是不接，不接是接』啊！」

丘濬聽了火冒三丈，從和尚手裡奪過禪杖，狠狠將他打了幾下，說：「和尚莫怪，如此說來，打是不打，不打是打。」

這則對話的巧妙之處，在於和尚「接是不接，不接是接」的論斷的荒謬，丘濬的「打是不打、不打是打」的論斷同樣荒謬，但他是用和尚推論方法，以謬制謬，使自己獲得心態平衡。

擺脫困局之裝聾作啞

在公開演說的時候，並不是每一個聽眾的提問都必須你全心力的去回應。當對方的問題與你講話的主旨無關，或者會轉移你當前的話題，甚至對你表達的意思有所抵觸的時候，不妨裝聾作啞。以不回應為最好的回應，巧妙的繞過去。

這是一個「鈍」的戰術。在公開演說過程中，對論敵的辯詞，自己明明十分清楚，但是，卻不值得反駁或不便反駁，這時，不妨把自己裝扮成「聾啞人」，對化敵的辯詞置若罔聞，不予理睬，令其無可奈何。

第一次世界大戰後，土耳其靠自己的力量打敗了甘當英國傀儡的希臘，走上了獨立的道路。英國為了自己的勢力範圍，準備嚴懲土耳其。於是，糾集法、意、美、日、俄、希臘等國各派代表，與土耳其代表在洛桑談判，企圖脅迫土耳其簽訂不平等條約。

英國的代表刻遵身材魁梧、聲如洪鐘，是名震世界的外交家；而土耳其的代表伊斯美，不僅身材矮小，耳朵還有些聾，在國際、國內毫無名氣可言。在談判桌上，刻遵非常輕視伊斯美，態度十分傲慢、囂張，其他代表也是盛氣凌人。

但是，伊斯美態度從容，情緒鎮定，毫無懼色。特別是他的聾耳發揮了「特殊」的作用，對土耳其有利的發言，他全聽到了，不利的話，他全沒聽到。當伊斯美提出維護土耳其權益的條件時，英國外相刻遵大發雷霆，揮拳吼叫，咆哮如雷，恫嚇、威脅不斷向伊斯美劈頭劈臉壓下來。

各國列強的代表也氣勢洶洶，包圍了伊斯美。但伊斯美大裝其聾，坐在那裡若無其事，等刻遵等人聲嘶力竭的叫嚷完了，他才不慌不忙的伸開右手，靠在耳邊，將身子移向刻遵，十分溫和的說：「您說什麼？我還沒聽明白呢？」氣得刻遵等人直翻白眼，反倒說不出話來。

公開演說要有控制自己情緒的能力，感情不能過於衝動，要服從理智的需要，不能走上極端，凡事皆忍耐，要堅持「該忍則忍，該駁則駁」的原則。最好的方法是先忍後駁，忍可能引起論敵的煩躁，從而在論辯中出現漏洞，然後再見縫插針，及時出擊。

一九五三年六月，年已七十九歲的英國首相邱吉爾，到百慕達參加英、美、法三國會談。他利用年事已高的藉口，時常裝聾，美國總統艾森豪和法國外長皮杜爾在一系列問題上討價還價，使大家頗感頭痛。艾森豪幽默的說：「裝聾成為這位首相的一種防衛武器。」

一九四五年七月，蘇、美、英三國首相在波茨坦舉行會談，在一次會談休息時，美國總統杜魯門對史達林說：「美國研發出一種威力非常大的炸彈。」

暗示美國正擁有原子彈，對史達林進行心理挑戰。在杜魯門講話時，英國首相邱吉爾兩眼盯著史達林表情，觀察反映，史達林像沒聽見一樣，未露出絲毫異常的表情。後來許多回憶說，史達林好像有點聾，沒有聽清楚。其實，史達林不僅聽清楚了這句話，而且聽懂了這句話的弦外之音。會後，他告訴莫洛托夫說：「應該加快我們的工作進度。」兩年後，前蘇聯試爆了第一顆原子彈，打破了美國的核壟斷地位，使西方社會大吃一驚。

在公開演說的時候，裝聾作啞是一種「軟」的策略，不露聲色，大智若愚，待機反駁，後發制人，是裝聾作啞法的主要特點。

擺脫困局之以假當真

公開演說的時候遇到困境並非就要一直深陷其中，我們可以借助那些明知不可為的因素來為自己間接的辯護，從反面來論證自己的正確性。這就是通常所說的以假亂真。

假戲真做，並表演得非常真實，幾乎可以亂真，從而得以得心應手的處理某些棘手事件。哲人說，假的就是假的，偽裝應當劃去。哲人的思考，總是對事物做出真理性的認識。而在公開演說中有時卻要與真理性的認識暫時分道揚鑣。以假當真，就是明知其是假，偏偏當成真，以此來推理，來判斷，造成事理的邏輯關係鬆弛，甚至完全瓦解，起因與結果不相干或不相稱。以假當真法可以用來搪塞、推理，從而為自己開脫。

八個士兵請了一天假到城裡去玩，可是到第二天早上出操時還沒回來。中尉十分惱火。

七點鐘以後，第一個士兵回來了。

「非常抱歉，長官。」他向中尉解釋道，「我的錶慢了，沒有趕上火車，就租了一輛汽車往回趕。可是半路上汽車也壞了，我只好到村子裡買了一匹馬，誰想到馬又死了，我跑了十多里路才趕回來。」

中尉對他說的話十分懷疑。緊接著又陸續回來了六個士兵，全都是那一套誤了火車、租汽車、買馬的藉口。中尉正要發作，最後一個士兵到了。

「我誤了火車，就租了輛汽車……」

「住嘴！」中尉抓住他咆哮道，「你要再說汽車壞了嗎？」

「不！長官。」士兵喘了口氣，「汽車沒壞，但路上有那麼多壞了的汽車和死馬，汽車過不來呀！」

士兵們貪戀城裡的景致，因此都回來晚了。他們都很愛面子，想編點理由矇騙過去。可是他們的謊話編得太蹩腳，一下就讓中尉給識破了。當前七個士兵敗下陣來後，最後一個士兵回來了。能夠編的理由都讓別人說盡了，他別無選擇，只好硬著頭皮往上衝了，真有點窮途末路的感覺。這個士兵靈機一動，乾脆以假當真。說不定還能扭轉乾坤呢。前七個士兵都是平鋪直敘的編謊話，引不起中尉注意力，況且士兵晚歸，他正在氣頭上呢。最後回來的這個士兵編的謊話，前半截似在中尉預料之中，後半截則既在中尉意料之外，而又在情理之中。因為他是把這幾個士兵的假話當真，所以在路上才被那麼多壞車、死馬擋住。

擺脫困局之故作歪解

或許你在當眾發言的時候不經意間產生了失誤，或許你的對手抓住某一漏洞對你攻擊，但在條件適合的情況下，別急著糾正和反駁。不妨將這些失誤和別人的攻擊適度的扭曲，故作歪解，使他們偏轉原來的意思，以減輕這些不利因素給你帶來的壓力。

歪中有正，「解」得有據，才見出機智；歪得有「理」，才見出幽默。故作歪解法是明知正確語義而故意另作闡釋，有意製造幽默的方法之一。故作歪解當然是不合邏輯的，但在歪中有正，才見出機智。它是幽默設計者故意從歧義上去認識和理解事物，使概念所指與概念所解分離，造成幽默效果。

英國首相威爾遜在一次競選時，演講剛到一半，有個搗亂分子高聲打斷他：「狗屎！垃圾！」顯然這人的意思是「少說空話」或「別胡說八道」。可威爾遜不理會他的本意，只是笑一笑，安撫的說：「這位先生，我馬上就要談到您提出的髒亂問題了。」

搗亂者一下子語塞，啞然。

這裡運用了詞語的多義性來製造幽默。「狗屎、垃圾」用以比喻「空話、廢話」，也可以借指「髒亂問題」，威爾遜根據自己當時正在進行競選演講的特定環境，對「狗屎、垃圾」作了別解，使對方的攻擊撲了空。幽默具有含蓄性，過度的劍拔弩張，就不會產生幽默。搗亂分子的一句話，真是火藥味十足，如果和他「交上火」，展開刀光劍影的拚搏，「戰火」就要燒掉幽默，而輕意「動武」，則是智慧不足的表現。幽默蘊含著睿智，閃耀著動人的光彩。威爾遜別解詞語，幽默制勝，為在競選中獲勝，下了一著高棋。故作歪解，不單單在語義的多義性上打圈子，有時還可以利用類比的方式來巧解。

一位光彩照人的女演員上台演唱，曲畢謝幕，可沒走兩步，就被麥克風的電線絆倒，嬌美的身材與當時的狼狽相形成了強烈的對比，觀眾們有笑有歎有哄。這位女演員急中生智，站起身來，拿起麥克風說道：「我真正為大家的熱情所傾倒了！」頓時，雜訊變成了笑聲和掌聲。

像這樣「出醜」的偶發事件，誰都可能遇到。因為它是「節外生枝」，很難事先預料，容易使當事人難堪。這時，臨難不慌，從容鎮定，當為第一要素，否則，全盤皆亂。儘管這樣，「醜」還是出了，怎麼樣挽回面子呢？這就要現添一個「美」來補償。這「美」是什麼呢？就是出人意料的另作詮釋帶來的語言幽默之美。女演員以「美」補「醜」，值得借鑒。

故作歪解，需「解」得有據，特別是在公開的場合，要讓聽眾覺得你歪得有理，從中要看出幾分機會，不是淺薄的耍貧嘴。

四、巧妙反擊應對挑戰

公開演說中，我們面對危機，在以鎮定度過了最初的慌亂，在擺脫了困局之後，就應該對那些不懷好意的挑撥者給予語言上的有效反擊。反擊的方式固然多種多樣，但都

要以反擊的有效性作為前提，同時注意反擊語言的準確性。當然，反擊也不要無休無止，適度即可。

把握反擊的有效性

正如沒有人總是喜歡被動挨打一樣，當我們在公開演說的過程中，面對別人在語言上不懷好意的攻擊，一味的招架只能使自己疲於應付，也會給其他的聽眾留下軟弱的影像。在言語上有效的反擊對方，是公開演說中必備的要素。

在公開演說產生的衝突中，我們反擊的目的是調節和改善自己所處的人際關係環境，是為解決糾紛而不是擴大糾紛。這是反擊有效性的重要標誌。良好的口才是戰勝受氣的一大法寶，但好槍在手，用不好也會走火，傷人害己。因此，利用語言進行反擊，必須把握反擊的有效性。

掌握語言反擊的度是反擊有效性的決定性因素。所謂度，就是界限性。根據不受氣的第一大準則，利用語言反擊時，應按照自己對環境的敏銳判斷，明確自己的優勢和劣勢，準確把握該說什麼、怎樣說、說到什麼程度。也就是說，應根據對語言出口後可能產生的後果的準確預測，確定自己的語言界限。否則，語言不準確或不理想，則會使自己陷入被動尷尬的境地。

掌握語言反擊的度，首先應具有明確的針對性，不要擴大打擊面。在反擊時，要抓住主要矛盾，丁就是丁，卯就是卯，而不應四面樹敵，把本來可以爭取的中間力量甚至朋友統統都推到與自己對立的陣營中去，使自己陷於孤立、被動的位。

其次，應控制打擊的力度，不要一棍子把人打死，一句話把人噎死。在大多數情況下，反擊時應為對方留一點餘地，掌握打擊的分寸。因為大多數人都愛面子，給對方留有餘地，實質上是為緩和彼此間的衝突留下了轉圜的空間，也為自己留了一步台階。否則，你把他逼進了死胡同，他別無選擇只能與你對壘。結果，雙方劍拔弩張，到頭來兩敗俱傷，還是沒有改變你受氣的境地。這並不是我們反擊的目的。然而，在生活中許多人並不能深刻理解這一道理，似乎反擊得越狠越好，實際並非如此。所以說，語言反擊是一門鬥爭藝術。

阿偉暗戀上了佳佳，但佳佳心有他屬，並不為他所動。終於到了佳佳的生日了，阿偉決定在生日派對上「火」一把。在搖曳的生日燭光裡，阿偉動情的唱起了「愛，愛，愛不完……」

佳佳感覺阿偉在大庭廣眾之中令自己很難堪，但她只淡淡笑了笑，以舒緩的語調說：「看不出阿偉平時不聲不響，原來歌喉如此優美。我們該為將來那位有幸擁有他深情歌聲的小姐祝福。」

一句話，似是讚美，又似表白，於無聲處給了阿偉當頭一棒。但不知情者不會有任何覺察。既給阿偉留足了面子，又使自己輕鬆戰勝了受氣。

以上這兩個方面，可概括為一句話：只有把握語言反擊的廣度和深度，才能保證語言反擊的力度，有效的達到反擊的目的，使自己避免受氣。

針鋒相對積極反擊

在公開場合言語上的交鋒中，面對不同的挑戰者要採取不同的策略。如果對方性格柔弱，那麼在你的反擊下可能很快就知難而退；如果對方比較好強，但為人比較正直，和他講道理可以說服對方；但如果你遇見那些不講理，喜歡蠻纏的人，那就要採取積極的反擊措施了。

有時候，我們講話中會遇到一些得理不饒人的人。你忍耐，給他留面子，他不會懂得，也不會領情，反而會變本加厲，得寸進尺。對這種人，只能採取「堵」的方法，進行積極反擊。

有些人一看到「針鋒相對」就會想到雙方指著鼻子對罵的那種類似於鬥雞的情形。其實，這是口才反擊的下下策。他不仁，你也不義，在對罵中對方撕破了臉皮，你也不過半斤八兩。這種方式實不可取。上上策應以「驟然臨之而不驚，無故加之而不怒」的

氣概，抓住對方的邏輯錯誤，在心平氣和中顯示你的千鈞之力，令對方無地自容。可見，語言反擊的分量不在於個別具有殺傷力的詞彙，更不在於污言穢語，關鍵在於運用邏輯推理，以理反擊。

以牙還牙，是一種常用的反擊形式。即運用與對方平行的邏輯推理，達到否定對方的目的，使自己擺脫受氣的境地這種形式，帶有明顯的「鬥」的意味，主要反映人的勇氣和機智。

一位年輕人在留學英國時，生活的孤獨壓迫著他，常有獨在異鄉為異客的思鄉情感。每逢傳統的節日，他總要按照古老的習俗，設下供桌，擺上豐盛的酒菜，遙祭祖先，寄託自己的思鄉之情。

有一次，房東太太看到年輕人跪在桌前，叩頭如儀，不無蔑視的問：「喂，小夥子，你這樣認真的叩頭，你的祖先會到這裡來享用這些酒菜嗎？」年輕人的心大受刺激，一股怒氣將冒上來，自尊心使他的刻薄和幽默同時爆發，他彬彬有禮的答道：「你們到處給你們祖先奉上鮮花，你的祖先該嗅到了鮮花的芳香了吧！」

在平靜之中顯示著濃烈的火藥味，你打了我的左臉，我也不會饒過你的右臉，但話語中分明包含著這樣的意思：這是不同民族的不同習俗。如果我的方式錯了，你的也不會是正確的。

在生活中，常常會遇到蠻不講理的人，面對他荒謬的邏輯，你根本無理可講。在這種情況下，許多人往往一怒之下，大罵其無賴。而對方則會鏗鏘有力的講出串串歪理，令你無言以對。在這種情況下，應冷靜的分析其理論的荒謬之處，將錯就錯的展開推理。這種方法之所以能在對話中取得明顯的效果和成功，首先在於對話者能抓住對方談吐中的語言錯漏或荒謬之處，接著能巧妙的運用類比推理的方式設喻、設例，去迎擊對方，讓對方啞口無言。如老掉牙的民間故事「公雞下蛋」與「男人生子」的巧對就是一個典型例子。

有位縣太爺想刁難一位憨厚的農夫。他誣陷農夫夥同鄉里百姓藉口天旱年成歉收，抗拒繳納租稅，定農夫抗繳皇糧的罪名。

農夫被毒打一頓之後，縣太爺限他三天之內交出兩個「公雞蛋」，否則就被處以死刑。農夫不知所措，但其妻聰明機智。

三天後，農夫的妻子代丈夫來到公堂回話。縣太爺劈頭怒喝：「你家丈夫為何不親自來見面？這分明是目無本縣！」

農夫的妻子平靜的答道：「回縣太爺的話，我家丈夫不敢抗拒縣太爺之命。只是他正在家中生孩子，實在離不開，才叫民婦代其前來的。」

縣太爺此時早已忘了自己要「公雞蛋」的荒唐邏輯，怒喝道：「什麼？你家男人也

會生孩子？真是天大的笑話！大膽賤婦，竟敢愚弄本官！來人呀，給我打！」

農婦聽罷卻胸脯一挺，面無懼色，勇敢說道：「且慢！大人，既然男人生孩子是天大的笑話，那公雞生蛋不也是天大的笑話嗎？縣太爺要賤民交出公雞蛋，豈不也是在愚弄百姓嗎？」荒唐苛刻的縣太爺被駁得啞口無言。

可見，關鍵是抓住對方的荒謬、錯漏之處，以其自身的邏輯使對方陷入進退不得的兩難境地，以其人之道還治其人之身。這種語言反擊方式的有效性在於一語擊中要害，反擊有力，讓對方既無招架之功，又無還嘴之力，從而使自己避免受氣。

在生活中，有時由於場合、身分等條件的限制，以謬治謬的反擊不能像這位農婦這樣簡捷，針鋒相對在語言交流中不這麼直接。而是要順水推舟，順藤摸瓜，經過有目的、有計畫的層層誘導，才能使對方在不知不覺中入彀，使對方自己否定自己的觀點。但無論是直截了當的反擊，還是誘導對方自己否定自己，都要抓住對方的要害，步步進逼，語出有力，以理服人。

以其人之道還治其人之身，應遵循我們的第一大定律：按照事物本身的遊戲規則進行反擊。任何事物都有其自身的邏輯，高明的反擊者不會無理取鬧或情緒用事，而是將對方的邏輯為我所用。這樣，既遵從了事物自身的特定遊戲規則，又有條有理的達到了反擊的目的，使對方心怒卻不能言。這正是語言反擊的效力所在。在公開場合針鋒相對的進行積極反擊，應注意言辭力度，做到擲地有聲，該出手時則出手，不可詞軟語綿；囉嗦半天不得要領。

綿裡藏針深藏不露

在當眾爭執的時候，什麼樣的話語才是最有說服力的？並不是滔滔不絕的誇耀，也不是露骨的威脅，更不是不講道理的死攪蠻纏。語言的反擊在於深藏不露，在於一語中的。

在對談中，語言反擊不宜激烈，更不可滿口粗話，動不動來上一句「你爺爺也不是吃素的」。既要做到讓對方明白自己看錯了人，又要點到為止，能使對方保留面子，能恰到好處的使自己克服受氣，又能避免事態進一步擴大和惡化。這就需要把話說到妙處，於不動聲色中顯示自己的實力，以之壓倒對方。

綿裡藏針，是暗示自己實力的一種有效方法。其特點是深藏不露，在反擊中，語調平和，言辭委婉得體，既予對方以尊重，不傷害對方的情感和體面，又巧妙的暗示自己也不是好惹的。一般情況下，對方會識相的就此打住，順著你留的台階下去，彼此相安無事。

有位經理，本性好色。一日，見一位公關小姐姿色美豔，便一味令人肉麻的恭維道：「小姐，你是我遇見過的最漂亮的女孩子。真是令人神魂顛倒，永遠也忘不了！今晚下班後我請客，不知小姐可否賞光？」

公關小姐雖然厭煩至極，但職業的本能使她必須有所克制。於是，她彬彬有禮的答道：「這位先生，非常抱歉。下班後我必須去武校和一位真正永遠也忘不了我的人約會。」「你是說你的男朋友？在武校？」

經理半信半疑的問。「是的。我們是武校時的同學。」這下可令這位經理目瞪口呆了。他怎麼也想不到面前這位身材勻稱的女孩身懷武功，這就已夠他應付的了，更何況還有一位武校的男朋友。

公關小姐見狀，意味深長的笑起來：「他可是個醋罈子，這事我可不敢含糊。」連她都不敢含糊，這位武功門外漢又哪能惹得起？這位心存非分之想的經理只得乾笑著退開了。

這位小姐沒有橫眉冷對，也沒有出言不遜，而是於淡淡的話語中暗示了自己的實力，使原本輕視她的經理頓時望而生畏。

這種綿裡藏針的反擊方法，柔中見剛，以柔克剛。既巧妙的使自己擺脫受氣的境地，又無損於對方的體面，以自己良好的修養顯示了內在的威懾力。但運用此種方法時必須態度鮮明，不要吞吞吐吐，黏黏糊糊，拐彎抹角，以致辭不達意，給對方造成半推半就的誤會。

巧用幽默輕鬆諧趣

在當眾的場合用言語反擊對手，並不意味著就一定要採取偏激的言辭，那樣只會讓聽眾覺得你沒有水準。如果能夠就具體的問題，抓住對方的漏洞，或者從對方的話語中選取相對的部分，用幽默的形式反擊對方，不僅可以降低雙方的「火藥味」，還能贏得聽眾的青睞。

幽默可以使人在受氣時，以輕鬆詼諧的方式，理智的回擊對方。人們在受氣時往往頭腦發熱失去冷靜，反擊方式往往也是硬邦邦的出言不遜，結果使僵局更僵。幽默則可以使人在處境困擾中放鬆自己，以巧妙的語言體面的予對方以反擊，收到既緩和氣氛又恰如其分的反擊的雙重效果。

調皮式的幽默，往往化干戈為玉帛，使事態向良好的方向發展。這種反擊方式，不是針鋒相對，劍拔弩張，而是輕鬆諧趣，話語中透著善良、真誠和理解。言語心傳，雙方會意，在哈哈一笑中皆大歡喜。反擊變成了逗笑，唇槍舌劍之爭就巧妙躲過。因此，幽默是一種與人為善的積極反擊方式。

冬季寒氣襲人，各家商店門口都掛著厚重的門簾。由於進出者一裡一外，相互看不

見，如果兩人同時掀門簾，相撞之事自然在所難免。

一天，一位男子正掀門簾準備進去，恰好裡面一位小姐也在掀門簾準備出來，同時邁出了腳。小姐一腳踩在男子鞋上，差點跌倒，不禁哎喲驚叫一聲。男子忙伸手扶住並說了一聲對不起，讓開了路，讓小姐先出來。

小姐出門後，看了男子一眼，說：「你是怎麼走路的！」咄咄逼人的責問令男子一時語塞。在門口踩腳本來雙方都有責任，自己已友好的道歉了小姐還不放過，小夥子也有些不悅。

但他轉念一想，人家是斯斯文文的小姐，踩了男人的腳已有些不好意思，何況又在眾目睽睽中被他扶住，更是不好意思。只是小姐因自己的失態心中惱火，便不經意的把氣出到了這位「肇事者」身上。如此一想，頓時怒氣全消，笑著說道：「對不起，我是用腳走路的。剛才嚇著你了。」

小姐一愣，隨即噗哧一笑，「你這個人說話真有趣，這不能怪你，主要是我沒看見，腳也伸得快了一點，對不起，踩到你了。」

男子對小姐的反擊，完全是友好的。人用腳走路是正常的，怎麼會嚇著別人？男子以自己的幽默，巧妙的告訴小姐是我的腳害了你，暗示自己對她的理解和尊重。小姐由責問到道歉，一場口舌之爭得以避免，全靠了男子善意的幽默。

先承後轉，在自我打趣中暗藏機鋒，令對方猝不及防。這種方法往往用於一些不適宜頂撞的場合或人。有時候，我們會置身於一種這樣的尷尬境地：對方有意或無意的傷害了你，但對方是一位主管，你雖然受了氣面子上還得過得去。或者，礙於你的身分、地位，不宜直截了當的給予駁斥，但心中的確又非常不滿。這時，不妨先以漫不經心、自我解嘲的口吻說幾句順著對方思路的話。最後話鋒一轉，得出一個令對方大出意外的結論。既活躍了氣氛，又解除了尬尷。這種方式，一波三折，很有攻擊力量，讓對方措手不及，又不失自己或對方的面子。對方最後只能乾笑兩聲了之。

蕭伯納的著名劇作《武器與人》初次演出，大獲成功。應觀眾的熱烈要求，蕭伯納來到台前謝幕。此時，卻從觀眾席中冒出一聲高喊：「糟透了！」整個劇場立刻變得鴉雀無聲，空氣似乎凝固了一般。

面對這種無禮的行為和緊張的局面，蕭伯納微笑著對那人鞠了一躬，彬彬有禮的說道：「我的朋友，我同意你的意見。」

他聳了聳肩，看了看剛才正熱烈喝彩的其他觀眾說：「但是，只有我們倆反對那麼多的觀眾又有什麼用呢？」

頓時，觀眾中爆發出了更為熱烈的掌聲和喝彩聲。

在這種情況下，對對方無禮的行為給予必要的回擊，既是維護自己體面和尊嚴的需要，也是諷刺對方、批判錯誤的正當行為。但怒氣衝衝的回擊和辯論都不可取，最理想的方法是幽默的回敬。蕭伯納的話語，溫文爾雅，表面看來似乎是對對方表示理解，細細體會一下，則是一種強有力的反擊。

總之，幽默作為在公開演說中積極反擊方式，其根本特徵就是具有準確的行為界限。它的有效性就在於能夠根據周圍環境，預測自己的行為後果，據此確定自己反擊的方式和反擊的分寸，有禮貌、有進退。

彈出自己的潛台詞

每個人都有自己的堅持。因此，公開演說過程中的爭論往往是不同理念，不同想法，甚至是不同利益的衝突。這就使得你在公開場合的爭論不僅採用雙方正面交鋒的形式，還可以用迂迴的策略「曲線助己」。

你完全可以不是針對對方的言行進行反擊，而是在談與之全然無關的另一件事情。但若他細分析一下，就會明白這兩件事具有很大的相似性。說話者旨在用類比的方式，委婉的向對方傳達自己的觀點，巧妙的否定對方的看法。這種情況下，雙方的指向彼此都心照不宣，言者有意，聽者亦有心。這種反擊方式委婉、得體，潛台詞不言而喻。

彈出弦外之音的反擊方法，通常是鑒於對方某種特殊的身分或權威，不可明顯的表示出任何直接的反擊，而採取的一種迂迴戰術。

一九三七年十月十一日，羅斯福總統的私人顧問薩克斯受愛因斯坦等科學家的委託，約見了羅斯福，要求總統重視原子能的研究，搶在德國之前製造出原子彈。但任憑他談得口乾舌燥，羅斯福還是聽不懂那些枯燥的科學論述，只是淡淡說：「這些都很有趣，不過政府若在現階段干預此事，似乎還為時過早。」以十分冷淡的態度回絕了薩克斯的一腔熱情，薩克斯心中肯定又著急，又有些生氣。但羅斯福是一位頗具威信的總統，他決定的事，薩克斯作為下屬不能硬頂，也頂不住。

事後，羅斯福為表歉意，邀請薩克斯共進早餐。薩克斯決定利用這個難得的好機會，說服羅斯福採納愛因斯坦等科學家們這一對美國生命攸關的建議，研發原子彈。為此，他在公園裡徘徊了一夜。

第二天一早，薩克斯剛落座，羅斯福就直言不諱的告誡他，不准談原子彈的事。博學多智的薩克斯靈機一動，羅斯福雖不懂物理學，對歷史肯定感興趣。「我想談一點歷史，」他的攻勢就此開始，「英法戰爭期間，拿破崙在陸戰中勇往直前，海戰卻不盡人意。一天，輪船的發明者——美國人富爾頓來到了拿破崙面前，建議他把法國戰艦的桅杆砍斷，裝上蒸汽機，把木板換成鋼板。他向拿破崙保證，法國艦隊肯定所向無敵。拿破崙卻認為，船沒有風帆不能航行，木板換成鋼板必然會沉。他認為富爾頓肯定瘋了，將其趕了出去。歷史學家在評述這段歷史時認為，如果拿破崙採取富爾頓的建議，十九世紀的歷史將重寫。」羅斯福的臉色變得十分嚴肅，沉默了幾分鐘，然後斟滿一杯酒，遞給薩克斯說：「你贏了！」

薩克斯雖然不直接談研發原子彈，但在他的類比中表明羅斯福與拿破崙有著極為相似的共同特點：都是戰爭期間，都不懂物理，都面臨著對一項與戰爭中自己軍隊命運攸關的新技術的選擇。其用意也不言而喻：是像拿破崙那樣，將新技術拒之門外而自取失敗，還是與之相反？透過這一與當前形勢極為類似的歷史事實，使不懂物理學的羅斯福很容易的理解了研發原子彈的重要性，終於採納了愛因斯坦等科學家的建議。

運用這種方法反擊，說話前必須經過周密的考慮，確定嚴格的行為界限。說話時目的明確，看似東拉西扯，實則胸中有丘壑。此外，要注意事件的相似性，以此啟發對方。切忌漫無邊際，或毫無聯繫的誇誇其談。

適當沉默也是反擊

在公開場合面對各種言語上的挑戰，並不是每一個回合的交鋒都需要你去應對。當你覺得對方的為人根本不值得你去爭論，或者對方所說的觀點完全與自己相駁，這時候，言語已經變成了多餘，沉默才是你應該拿起的武器。

沉默是一種特殊的語言，具有其獨特的使用價值，在公開演說中，在某些情況下，恰到好處的沉默比口若懸河更有效。這就是人們常說的「雄辯是銀，沉默是金」。只要我們因時因地適當把握、運用它，沉默也能成為一種有效的表達方式，其效果有時甚至會超過直言搶白，具有特殊的威力。

適度的沉默是一種積極的忍讓，旨在息事寧人。在人際交往中，各人的生活閱歷、學識水準、社會地位各異，觀察問題的角度和思維方式不同，見解必然迥異。然而，在一些無關緊要的問題上的細小分歧，三緘其口，洗耳恭聽，頷首微笑也是一種有效的處理方法。否則，各執己見僵持不下，互不相讓，只能令雙方都不愉快。此時，若採取積極忍讓態度，保持適度的沉默，撤出爭論，表現出自己的寬廣胸懷，則有利於促使對方冷靜下來，緩和、化解矛盾，避免事態激化。有效的使自己避免、擺脫受氣境地，這對對付一個特別矯情的對手來說更應如此。

老王和小張是公司的正副職。老王為人穩重，小張年輕氣盛，好勝心強，常常為處理一些雞毛蒜皮的小事與老王較勁。

兩位主管若在辦公室裡當著下屬的面爭論不休，甚至大吵大嚷，既傷了彼此間的同事情分，又在下屬面前丟臉，顯然不妥當。老王對此採取了一種偃旗息鼓，洗耳恭聽的策略，不與小張對壘。

當兩人之間發生分歧時，老王先說明情況表明態度，轉而保持沉默。任憑小張言辭多激烈，也不與他強辯，不反擊。小張肝火再旺，見此情景，也不好意思再強辯下去，漸漸冷靜下來，進而心平氣和的發表意見，甚至還做些自我批評。因此，兩人雖性格截然相反，但工作配合得很默契，關係也算融洽。老王的沉默是理智的，其動機在於顧全大局，吃虧讓人，避免無謂的爭論。

輕蔑性沉默是對付無理挑釁的有效反擊武器。當對方出於不良動機，對你進行惡意攻擊、造謠誹謗或無理取鬧時，如果你給予駁斥反擊，可是又同他無理可講，反會使周圍的人難以分清是非，反倒有損於你自己的形象和聲譽。這時，你無須爭辯，只需以不屑一顧的神情，嗤之以鼻，這種輕蔑性沉默會比語言駁斥更有效。

小朱和小吳是同班同學，學習都很出色。但小朱為人熱情，性格活潑，關心班上同學，因此在同學中有很高的威信，在班上第一個入會。小吳卻只關心自己的學習，同學和集體利益則漠不關心。但他沒有認知到自己的問題，反而公開對小朱造謠中傷，在公開場合含沙射影的說：「哼，什麼入會！還不是靠送禮、請客、拉關係！這樣的會員，是敗家子！誰稀罕？」小朱明知他是在無事生非的找碴罵自己，不免怒火中起，但和這樣胡攪蠻纏的人爭吵，又會有什麼結果？還不是自己白白挨罵！不知情者說不定還會對他的話信以為真。於是，他強壓怒氣，對小吳輕蔑的冷笑一聲，瞄了他一眼，轉身而去。小朱的輕蔑性沉默，在當時這種情況下，比語言批駁顯得更有力、得體，更能使周圍的人洞察其中原委。

當然，沉默的方式和內涵多種多樣，但總的來看，日常交際中，最常用的主要是這兩種。在受氣時，要做到沉默不語，積極忍讓，並非易事。這首先需要寬廣的胸懷和準確把握自己行為界限的能力。正如培根所言：「假如一個人具有深刻的洞察力，隨時能夠判斷什麼事應當公開做，什麼事應當祕密做，什麼事應當若明若暗的做，而且深刻的了解了這一切的分寸和界限，那麼這種人我們認為他是掌握了沉默的智慧的。」

第五章　恰如其分，不同場合應對自如

日常生活中的人們，無論是各級主管，還是普通百姓，總要經常參加各種活動。他們或是舉行各種會議，或是接待各方來客，或是主持大大小小的典禮儀式，或是參加各種宴會……毫無疑問，在這些社交場合上，任何人都要講話，當你在這些場合遇到當眾發言的機會時，就是你一展風采，結識更多的朋友，展現自己言談魅力的最佳時機。每個場合都有各自的特點，主動的去表現自己，在不同的場合應對自如，你的人生將更加精彩。

一、面試就職的口才藝術

面試演講一般是在面試者考試成績合格後，在一定範圍內進行演講，主要是介紹自己的工作經歷、德才狀況和競爭職位設想。就職演講則是就職之初必不可少的一個重要環節。新官上任時一般都要發表就職演講，以充分展示就職者的領導素養、管理才能和人格魅力。

知己知彼，有的放矢

面試的公開演說非常重要，作為總分的一部分，如果在考試、考核分數同等的情況下，演講水準的高低便成為競爭能否成功的決定因素。而演講水準與品質，除口頭表達外，演講詞又是關鍵。

透過面試演講，起碼要顯露出自己的文才和口才，展現出你對這項工作（職務）的熱愛、情況熟悉和業務精通，以及做好工作、辦好事業的辦法和決心，使評委和聽眾感到你是個人才，可以勝任此項工作。下篇演講正是展現了此點：

能夠站在這裡參與面試面試，首先感謝主管給我這樣一次展示自己的機會！今天我本著鍛鍊自己、提高自己的目的參與了這次面試活動，如果我順利的應聘，在以後的工作中我會努力，如果我沒能應聘，在以後的工作中我仍舊會努力，能登上今天的演講台我已感到莫大的榮幸。雖然我不是千里馬，但我仍然希望得到各位伯樂的賞識。

第一、我思想進步，政治覺悟高。

我始終注重加強自身政治修養，做事講原則，遵紀守法、廉潔奉公。始終堅持嚴於律己，寬以待人，胸懷尊長，謙虛謹慎的處世態度，並不斷完善個人修為。

第二、我性格隨和，有團隊意識。

我性格穩重、誠實、熱情、隨和，加上多年的銷售員工作，使我養成了善解人意、善於溝通、交流的良好品德。在工作中我能夠服從主管，團結同事，造就了良好的人際關係。數月與大客戶服務工作的錘煉，讓我對我營業門市有了更深入的認識和把握。我團隊意識強，能夠團結同事，協調各個組織部門之間的良好關係，共同做好工作。

第三、我具有較強的學習能力和豐富的工作經驗。

我善於接受新知識，有較強的自學能力。在高中畢業後，我透過自學先後取得了專科和大學學歷，為我以後工作奠定了堅實的知識基礎。多年的工作中我把每一件工作都當作學習和累積的過程，這讓我累積了豐富的工作經驗。

第四、我具有較強的溝通、協調能力。

人常說女性具有天生的語言溝通能力，我覺得自己就是這樣一個人。自從開始工作以來，我積極溝通、協調各種關係，使各項工作在良好的氛圍中開展，在和諧的環境中完成。我自信在以後的工作中一定能夠協調好工作關係，為我們營業廳開創和諧的工作氛圍。

尊敬的主管、評委，我現在胸懷著一份上進的熱情，萌動著做好工作的堅定信念，將全力以赴做好今後的工作。新的工作讓我充滿了渴望，自信又給我平添了許多希望，對於以後的工作我也有了展望。如果今天能夠面試成功，我將努力做好以下工作：

第一、健全制度，提升服務水準。

無以規矩，不成方圓，制度是一個企業有效開展工作的重要保障。今後我將不斷完善我們公司的各項規章制度，透過制度來規範大家的工作。執行中我將率先作為典範，敢為人先，並做好檢查工作，做到有計畫、有步驟，檢查到位。關心每一位員工，做一個好的示範員和檢查員。提高她們工作的主動性，讓她們從內心感受到服務工作的重要性，也讓客戶感受到「來有笑聲，走有送聲」的服務。

第二、做好管理工作，優化工作環境。

基礎管理是營業廳快速發展的基礎，加強基礎管理是我們工作的一個重點。今後我將以員工的需求作為基礎管理的導向；向客戶學習，把客戶的意見作為改進工作的忠告；向競爭對手學習，用他人之長補我所短；向同行營業部學習，互通有無，及時改進，博採眾長，有效利用。此外我還將積極協調我們營業廳的關係，創造一個和諧有序的工作環境。

第三、加強員工團隊建設。

員工團隊是我們工作的根本，是我們提高公司效益的能動力量，只有加強員工團隊建設，我們公司才會有所發展。今後我會在原來的基礎上努力加強對員工的培訓工作，提高他們的業務能力。把素養高、業務精、能力強的人才安排到大客戶服務工作中去，切實加強大客戶服務團隊建設，建立一支來之能戰、戰之能勝的鋼鐵團隊。

最後我想要說的是，雖然面試結果還是未知數，但我堅信在座的各位主管定能以知人善任的慧眼選拔出合適的人選，為我們電信公司的發展傾注不竭的動力。今天如果我能夠擔任這一重要職位，我將不遺餘力的做好本職工作，將一腔熱忱揮灑在工作職位上，讓青春燃燒出絢麗的火花。今後我願以無限的熱情吹響時代的號角，以沸騰的血液衝擊時代的脈搏，以昂揚的鬥志奏響電力事業發展的新篇章！同時也向各位主管和評委交上一份滿意的答卷。

要對參與競爭的職位職務的基本情況有所了解，包括職能、職權、工作範圍、業務

技能、周邊關係、權利義務等，還應知道它的特點。這樣方能提出自己的打算或設想，做到知己知彼，有的放矢。

語言樸實，以誠示人

在面試演講時，要盡量使用大眾化的樸實語言，不說大話空話，不漏說錯說，不能說外行話，不要有錯別字。使你的競爭演講詞，既有新的內容，又有好的語言表達，爭取評委和聽眾的讚美。

很榮幸我能最後一個出場演講，首先，我想代表今天參賽的選手對各位評委、各位主管一天來的辛苦工作表示感謝，謝謝大家為我們分公司選拔人才而付出的辛勤勞動。

我來自資料分局，我叫王利民，今年二十四歲。在四年來的工作中，透過不斷的學習和實踐，在主管和同事們的支持和幫助下，漸漸成長為資料分局的技術菁英之一，也走上了維護組班長的工作職位。在這次面試中我報考的是技術管理科系。我覺得這次競爭對我個人來說不僅是走上管理職位的機遇，更主要的是一次難得的學習和鍛鍊的機會。（本段是面試要求必須「自我介紹」的部分，不能超過一分鐘）

今天我抽到的演講題目是：如何做好電信市場的經營分析。

隨著電信市場競爭機制的引入，電信營運市場競爭激烈，要應對日益激烈的市場競爭，電信市場經營分析尤為重要，我覺得要做好電信市場的經營分析，應從以下幾個方面入手：

首先，要重視市場經營分析的作用，轉變思想，更新觀念。

其次，要切實以市場為中心，以盈利為目的，建立一支專門從事市場行銷的團隊。要有專業的市場行銷分析人員，不斷提高人員素養，真正實現企業從生產型向經營型轉變。在我們電信業正在深入內部改革的今天，要抓住這樣一個有利的時機，建立像「市場經營分析室」這樣的專門機構，招聘從事經營分析的專業人員，運用各種傳統的統計分析方法和我們便利的通信手段，以及網路這樣新型的媒介，開拓我們的視野，學習先進的思想和方法，對市場進行分析研究、預測、行銷企劃等。實現市場行銷分析的專業化。

我覺得像今天我們這樣的公開選拔人才的做法就是十分必要和十分有益的創舉，透過這樣的方式我們很容易在企業內部選拔出適用的專業人才。

最後，要做好市場調查工作，以獲得市場經營分析的第一手資料。俗話說：「知己知彼，百戰不殆。」就我們公司目前的情況而言，由於地區經濟發展的滯後性，眼下在我們的主要業務領域還沒有真正具備實力的競爭對手出現，因此我們應該抓住這個時機，先了解自己，透過市場調查，既發現潛在市場，也要了解我們已有使用者的情況，

了解他們的忠誠度如何，分析他們在多大程度上可以成為我們永遠的支持者。同時由於一些競爭對手已在大中城市出現，要深入了解和分析他們在那裡的經營情況，提前做好競爭的準備和應對的措施。

總之，要內外結合，既分析內部的經營情況，又要做好市場調查分析和了解競爭對手的情況。同時，要注意市場經營分析應採用靈活多樣的形式，緊跟時代步伐，不斷提高經營分析水準，為企業的最終決策打下基礎。經營分析最終是要服務於經營決策的，因此要提高分析的準確性和可行性，還要做好相關部門的合作關係，以便使分析的結果最終能在企業經營活動中發揮作用。

以上是我對「如何做好電信市場的經營分析」這個題目的一點個人見解，可能有許多不足之處，望各位評委、各位主管和老師多多包涵，多批評指教。

在我演講即將結束的時候，我最想說的是：如果我在競爭中不能取勝，我仍將一如既往的努力工作，為公司奉獻自己的微薄力量。我深信，在二十一世紀的第一個春天裡，透過這樣科學和美好的形式，推選出來的一定是公司裡最優秀的青年，真正德才兼備的年輕人。

正如上例所示，要說明為什麼要參加面試，以及競爭成功與否的態度。首先要從為國家為社會為公司做貢獻的高度，說明自己參加競爭的目的；同時要說明自己可以在競爭的職位上施展才華，發揮長處，實現自身應有的價值。接著應該表明參加競爭的態度，既要說明自己參加競爭的優勢和信心，又要說明如果競爭不上的正確態度，要給人以誠實感、信任感。

在自我表白中真情流露

就職演講是新任某一特定職務的人上任時面對幹部和群眾所做的一種自我表白。就職者懷著真摯的情感發表演講，應當讓聽眾感到特別親切、自然，平易近人。我們來看美國總統歐巴馬的就職演講。

今天我站在這裡，為我們將面對的任重道遠而感慨。感謝你們對我寄託的信任，同時緬懷我們的前人所做出的犧牲。感謝布希總統為美國做出的貢獻，以及他在總統任期交接過程中的慷慨合作。

至此，共有四十四位美國人曾進行過總統宣誓。這一誓言曾在國家和平、欣欣向榮時做出過，然而這一誓詞更曾在烏雲籠罩和風暴襲來之時被宣讀。美國人民之所以能夠走過那些艱難的時刻，不僅僅是因為領袖的能力或遠見，更是因為我們人民保持著對先人理想的忠誠，對我們國家的追隨。

公開演說時，要展現語言的真切、樸實，切不可賣弄文采，矯揉造作。語言越是真

切、樸實，越能充分表現了一位主管幹部的責任感和事業心。

簡潔明快，避免拖泥帶水

就職演講實際上只是新上任的人在特定的環境中對聽眾的一次正式亮相和表態。因此，演講稿的篇幅一般都比較短小，這就要求語言必須簡潔、明快，切忌誇誇其談，拖泥帶水。請看下文一位總經理的就職演講。

我們不模仿別人，但我們要做別人的典範。在市場競爭中，能為其奮鬥的人不管他是什麼樣的人都不會受阻攔。我將提供多種方法使大家有充分發揮自己才能的地方。我並不以此為滿足，我並不依賴規章制度，反而更為依賴我們大家的愛公司如家的精神，只有這樣才能面對各種不同類型的危機和困難。然而，儘管我們習慣於安逸的生活而不貫勞苦，但大家的勇氣卻來自天生而非訓練所得，所以我們能夠面對任何挑戰。挑戰在人生中比安逸會更加美妙和愉快。在挑戰中，我們能夠探求事物的真偽，認清真正的才智人士，我們從不向任何違背公司利益的人卑躬屈膝，以求安逸，我們要以公司的利益為自己的利益，以公司的榮譽為自己的榮譽，公司的命運就是自己的命運。能夠做到這樣，我們的公司就會蒸蒸日上。

我們面臨的挑戰：就是使我們目前所經營的項目，能有效的開展起來，使我們公司在盡快的時間內，完成資金累積的過程，向著一個更高的目標發展和壯大邁進。

我們的事業：在目前每一個對我們發展有幫助的企業或個人，我們將繼續保持與他們的聯繫，並重視我公司的產品品質和公司的信譽，以及不斷擴大我們的經營範圍和提高在市場的占有率，高新技術產品將繼續其他的生命力和主導地位，成為我公司的先驅，其他系列產品將繼續開發和發展，特別要注意資產收益的優化。很可能我們將從事現在尚未涉及的行業，在選擇新的經營領域時，我希望所進入的每一個市場必須有足夠內在的成長潛力，保證這種進入的光輝的前景！

我們將孜孜不倦的去調查那些能給我們公司帶來效益的產品和顧客，以及相匹配的服務！

我們的顧客：公司全體成員應注重我們公司的信譽和形象，不管在什麼情況下都應該記住「顧客永遠是對的」這個準則。迅速建立起客戶服務平台，市場是我們生存的條件，也是我們活動的舞台，我們必須在這個舞台上贏得顧客的信賴並取得市場經營的成功！

我們的基準線：我的財務觀點並不複雜，但要自始至終的實現財務目標。在目前和今後的市場中，仍需要大家的努力和責任感，去完成資產收益率的成長和公司的發展！

我所能奉獻的沒有其他，只有熱血、辛勞和汗水。我們面臨著漫長而艱苦卓絕的道

路，我將盡我所能，為了我們的事業，不懈的努力，要問我的目的是什麼，那就是成功！你們肩負的是我們公司的未來！不管道路多麼漫長，多麼崎嶇，我們一定要奪取勝利，沒有勝利我們就不能生存！我也希望大家都能認識到這一點，沒有勝利一切將不再存在！此時此刻，我認為我有權要求所有的人都能以大局為重，團結一致，艱苦創業，同甘共苦，群策群力，為了一個共同的願望，不懈的努力，我們的目的一定要達到，也一定能夠達到！

過去已是歷史，明天只是目標，而我們就更應該把握的是今天。

只有成功才是我們最好的裝飾，我對任何事都會一視同仁，讓我們盡自己的一切力量，努力完成我們正在或將要進行的工作，只要大家想著公司，公司就一定不會忘記大家！

借「地」發揮以情動人

有不少政治人物就職演講，很注重捕捉就職所在地的歷史傳統和地理環境作盡情發揮，溢於言表，使整個演講十分精彩，吸引聽眾，撼人心弦。

今天，大家帶著全市人民的期望和重托，選舉產生了新一屆市政府團隊，選舉我擔任本市人民政府新一任市長，我們深深的感到，這既是一種信任，更是一種責任。在

此，我代表新當選的市政府領導團隊，向各位表示衷心的感謝

責重若山，行勝於言。我將在今後的工作中始終做到以下幾點：

一、始終堅持執政為民，盡心竭力為人民謀福祉。目前，全市還有許多人沒有基本解決溫飽，相當一部分職工群眾生活還很困難，實現總體小康的任務十分艱巨。為此，我將把維護好群眾利益作為根本出發點，始終把人民群眾的安危冷暖放在心上，把精力用在為民造福上，及時、認真傾聽群眾呼聲，千方百計為群眾辦實事、謀實惠、解難題，竭盡全力改善生產生活條件，讓群眾更多的享受改革發展的文明成果，以實際行動，踐行好党的根本宗旨。

二、始終堅持第一要務，盡心竭力抓發展。加快發展步伐，是全市人民的共同心聲和願望。不進則退，慢進也是退。我將充分發揮政府一班人的凝聚力、戰鬥力和創造力，把全部心思用在加快發展上，認真貫徹落實，團結和依靠廣大幹部群眾，緊緊圍繞建設小康和諧魅力新的策略目標，加快建設，不斷強化，著力推進，努力實現經濟社會事業又好又快的發展。

三、始終堅持求真務實，盡心竭力抓落實。把唯實、務實、求實作為作決策、辦事情、抓工作的基本出發點，堅持深入基層，深入實際，廣泛開展調查研究，注重向實踐學習、向群眾學習，把智慧用在做好工作上，在爭專案、謀發展、促和諧的具體實踐

中，在幫民富、解民憂、保民安的具體措施上，切實做到出實招、重實做，勤督查、嚴考核，確保各項目標任務落實，確保政府工作真正展現人民的意願，以卓有成效的工作回報人民的信賴和支援。

四、始終堅持廉潔自律，盡心竭力抓政風。把清廉從政作為政府工作的基本要求，和班子成員一道，帶頭落實廉潔自律的各項規定，保持艱苦奮鬥、勤儉辦事的作風，做到清白做人，乾淨做事。堅持依法行政，主動接受人大的法律監督、工作監督、政協的民主監督和社會各方面的監督，認真履行人民群眾賦予的神聖職責，加快職能轉變，推進工作創新，不斷改進政風，樹立良好的政府形象。

演講者首先為自己是的當地人民的兒子，而「感到榮幸和自豪」。因而無限熱愛美麗富饒的土地，熱愛勤勞勇敢、善良正直的人民。最後表明無比深厚的感情將激勵我努力工作，不負眾望，為本地人民奉獻自己的一切。

二、集會活動的口才藝術

在日常活動中，可以在各種集會活動認識一些對你今後或許很有幫助的人，那裡也是是人們當眾發言的場所。參與此類活動時，經常可以聽到一次次精彩的演講。當有一天，你被推向演講台的時候，是否做好了足夠的準備呢?這可是你一展風采的最佳時機。

感激每一份支持和關愛

集會活動上的公開演說要報有一份感恩的心態來回饋那些支持你的人。這樣，你將會一如既往的獲得好人緣。例如下文，姚明退役時的演講就很精彩。

今天對我來說是重要的日子，無論對我以往的籃球職業生涯，還是未來個人發展，都具有特殊的意義。

去年年底，我的左腳第三次應力性骨折，我不得不離開賽場，半年多以來和很多關心的朋友一樣，我也是在漫長的期待中渡過，在那段時間裡我內心十分糾結，反覆思考，為此今天宣布一個人的決定，作為籃球運動員，我將結束自己的運動生涯，正式退役。

此時此刻，回顧過去，展望未來，我的內心充滿感激，我首先要感謝的是籃球這項偉大的運動，為無數人帶來了快樂，包括我自己。我四歲的時候有了第一個籃球，九歲進入體校，十四歲進入訓練隊，十六歲背上我父親當年的號碼，代表比賽，籃球是我延續家庭的傳承，每當看到父母欣慰的眼神，我都感到無比自豪，也非常榮幸能夠和隊友

贏得二〇〇二年 CBA 冠軍，和我們身後這座城市聯繫在一起。同一年在進入 NBA 之後，籃球引領我進入更寬廣的舞台，使我盡情展現自己。更要感謝能有機會為國家隊奮戰十年，那是無數青年人的夢想，同時因為籃球，與心愛的人結緣，建立美滿的家庭，獲得一生的幸福。所有這些都是無比熱愛的籃球帶給我的，我要感謝籃球。

我還要感謝生活，無論我所熱愛的籃球還是別的東西，都是生活的一部分，我覺得生活就像一個嚮導，你虔誠追隨他，他就會為你打開一扇一扇門。今天退役了，一扇門關上，另外一扇門則徐徐打開，門外有嶄新的生活等著我認真品味。我雖然離開賽場，但是不會離開籃球，我正在用新的方式管理俱樂部，用這種方式為家鄉帶來快樂。我將繼續投身社會公益事業，姚基金是我個人的基金會，已經成立三年，接下來會以此為依託，影響更多的人參與慈善事業，幫助更多的人。同時我希望結識更多的朋友，一起做喜歡的事情，相信在與各行各業，有識之士的交往中，會學到更多的東西，豐富精彩生活，引領著我走向世界。所以我要感謝生活，今後我要認真對待它，才是對生活最好的回報。

姚明和朋友們永遠在一起，謝謝大家！

最後要感謝這個偉大進步的時代，使我有機會去實現自己的夢想和價值，我曾經說過有一天我的職業籃球生涯結束了，我希望它只是逗號，不是句號，今天這一天終於到來了，但是我沒有離開心愛的籃球，我的生活還在繼續，我還是姚明。我還有很多事情可以做，遠遠沒有達到畫上句號的那一天，祝朋友們健康快樂，讓我們熱愛的籃球運動擁有更加美好的明天。謝謝大家！

團體活動，積極表現

在諸如運動會等團體活動中，例行公事的公開演說同樣是表現自己的好機會。如下文這篇在運動會上的演講。

天高雲淡，秋風送爽。值此黃金季節，向百忙之中前來我校參加運動會的來賓，表示衷心的感謝，並致以崇高的敬意！

幾年來，我校在各兄弟學校和廣大學生家長以及社會各界仁人志士的關心和支持下，在廣大師生齊心努力下，教育教學工作取得了可喜的成績。特別是連續幾年大專院校升學率趨於穩步上升階段。這一點，是值得我們大家慶賀。

但是，我們要認識到「逆水行舟，不進則退」的道理。我們絕不能滿足現狀、停滯不前。我們的社會日新月異，正處在急速發展時期。各行各業都力爭在短時期內與世界接軌。我校如果要想保持其榮譽和地位，就要不斷深入進行教育教學改革，就要開拓創新，與時俱進，就要不斷加強素養教育，就要不斷提高教育教學品質，就要不斷提高升

學率，把更多的學生送往好大學。我們還要充分認識到，「教育也是一種產業」的道理。我們要以這種理念去謀求我們的生存和發展。

為此，我們師生員工就要加倍努力奮鬥。我們的教師，要從以增強科技知識教課的純授業型教師轉化為研究使學生怎樣學習，研究培養什麼樣的學生的研究型教師；我們的學生，要從一味跟著老師的鸚鵡學舌型轉化為怎樣學習，將來要做怎樣的人這樣一類主動型學生。

這是我借本屆運動會向全校師生發自內心的忠告。

我希望全體師生人人以愛為本，以誠相待，齊心協力開好運動會。本屆運動會應該是一個教職員工全身心為學生服務的大課堂，是一個全體學生充分發揮各自特長的大課堂。

「不到長城非好漢。」我相信，我們只要團結一致，共同努力，我們所想到的就定能一個一個變成現實。

預祝大會圓滿成功。

發表感慨，思維創新

集會是一個交流思想的地方，當你有了新的想法，不妨在集會活動中透過當眾發言表述出來。例如張瑞敏在二〇一〇企業家年會上演講。

企業和國家一樣，國家現在需要轉型，企業更需要轉型，我們的管理大部分是學習了國外的管理方法，還說不上是管理模式，比方全面品質管制和六標準差管理，我們需要有一個轉型，就公司來講我們提出三轉，從外部環境來講，從傳統經濟向網路經濟轉變，到企業就應該是轉型，所謂轉型就是要從製造業向服務業轉型。如果再具體到員工就應該是轉化，應該轉化到員工不應該是被動的接受上級的指令來完成任務，而是應該主動的發現客戶需求，創造客戶需求，創造市場，應該是一個創新的主體。

所以，由此我想就應該展現出第二點，企業的時代性。因為任何一個企業都是時代的產物，也應該跟上時代的發展。我想有很多企業也是抓住了這些機遇發展起來的。但是，如果你跟不上時代的發展，你就會被時代所淘汰。所以說我們每個都應該跟上時代的發展，跟上時代的發展很重要的一點就是顛覆自己傳統的觀念，比方網路時代，給我們帶來很大的挑戰，第一就是行銷的碎片化。過去是行銷是整體的，現在是碎片的。需求是個性化的，不再是出來一個產品，流行什麼產品大家跟著走，每個人有自己的個性化需求。首先使用者觀念的顛覆，不應該生產產品再來找使用者，而是先找到使用者再生產產品，但是現在找使用者和過去傳統寫一個客戶調查表完全不同了，必須在網路上和客戶進行充分的溝通，在網上客戶要參與你的前端設計，否則的話你的產品還是沒人

要的，使用者觀念的顛覆需要我們從前端就開始。

另外就是行銷觀念的顛覆。也就是說從賣產品到賣服務，換句話說從過去我們習慣的廣告促銷變成網路行銷、口碑行銷，過去我們有一個觀念叫做一個使用者覺得你這個產品好，會向二十五個親屬、朋友宣傳，但是現在網路一個人對你的不滿，就可能導致品牌遭到極大的損害，這種案例也是非常大的。所以我自己覺得應該改變一個觀念，過去收款是銷售的終結，現在應該改變為收款是銷售的開始。我們每個企業過去拿收款來，這件事就算結束了，但是現在拿收款來，這個銷售才剛剛開始。因為什麼呢？拿收款意味著有了一個使用者資訊，這個使用者資訊對你就是一個資源，你就應該不斷的追蹤和開發這個客戶的資源，否則的話只能限於打價格戰，不可能知道客戶真正新的需求是什麼，因為他的需求是隨時在變化的。

上一週我到歐洲考察我們的市場，發現一個很有意思的現象，在歐洲世界非常著名的家電品牌，有的品牌不重視網路，或者對網路不太習慣，還是沿用過去傳統模式，所以當地的人就告訴我，這些品牌已經開始被歐洲的年輕人所忽略，他們的品牌忠誠的客戶還是原來老的客戶，如果說普遍都要上網的話，就會失去所有的客戶群。所以我們整個行銷模式都應該是改變的。

應該改變製造的觀念。過去叫大規模製造，現在我們改變為顛覆為大規模訂製，大規模訂製和大規模製造是不一樣的，根據使用者個性化需求製造，大規模製造只要根據訂單可以實現低成本，但是不可能創有一個品牌，這是作為世界的加工廠還是作為世界的創牌中心非常重要的分水嶺。

由此有一個體會，核心競爭力和核心技術和核心產品不完全是一回事，我們不可以混淆起來，對於企業來講需要獲得的是核心競爭力，所謂核心競爭力就是企業可以獲取客戶資源的能力，如果我有了這個能力，我就可以獲取核心技術和核心產品，而不是反過來。比方說，戴爾我有了直銷模式，我可以獲取核心技術。IBM 沒有獲取客戶資源，有很高的研發技術，最後還是把它賣給了聯想。像亞馬遜，我顛覆了原來傳統實體店的模式，我用網路行銷，因此產生了電子書核心產品和核心技術，網路時代就是輕公司和輕資產，如果你能抓住網路的時機，你可以在很短的時間裡迅速成長起來。

第三，Haier 在自主創新方面的探索。因為是客戶是個性化的需求，因此必須把每一個員工變成直接面對客戶，讓每一個員工成為一個自主創新體，杜拉克有一句話叫「二十一世紀的企業應該是每一個員工都是自己的 CEO」，也就是說應該自主做出決策。因此我們就把組織結構做了調整，全世界的組織結構大概都是正三角，最高主管在上面，一層層下來，員工在最下面，最底層的員工是直接面對客戶的，現在把正三角變成倒三角，員工直接面對客戶，做出創新，主管的任務是支持和提供員工資源，讓他實現這個創新。去年在佛羅里達和 IBM 前總裁郭士納做了探討，原來就想搞倒三角，但是有很多因素沒有搞成，他認為這是一個非常重要的突破和創新。這樣做了之後帶來一個變化，企業原來有三張表，企業有一個三張表，企業原來有一個損益表，員工有一個損益表，企業可能是盈利，員工對不盈利負責，對虧損負責。美國會計協會和我們探討一年多的時間，而且要求我們參加幾次國際研討會，他認為美國管理會計，企業主要是兩個會計，財務會計和管理會計，管理會計是未來的會計，財務會計是過去的會計，美國的管理會計已經到了很難突破的瓶頸，Haier 這種創新思路可能會帶來管理會計一個新的突破，為什麼？原來我們受到很多的質疑，這個做法很好，但是不可能實現，因為不可能突破科斯定律，企業的組成就是為了降低交易成本，每一個人有一張表就是加大了交易成本，現在的網路恰恰可以做到每個人都有一張表，我可以在天南地北，我都可以給你發一個簡訊，在網路上和你聯繫，我告訴你每天的損益，這完全可以做得到。因此，就顛覆了過去科斯定律。要做到這一點，就必須有一個機制的保障，我認為所有的模式的創新，最後能不能成立，能不能穩定，並能不能持久，必須有一個機制。機制理論設計之父哈威茨，二〇〇七年諾貝爾獎獲得者，機制框架的建立必須有兩個條件，第一是參與約束，所謂參與約束就是你是不是自願參與，承包責任制就叫自願參與，這個機制一變，這是我自己的地，我一定會自己做。我們自己內部也根據這個設立了人單合一雙贏

的模式，每個人都有自己的市場目標，過去企業有一個問題，下達目標的時候主管想下達高目標，下面想要低目標，這是一個博弈。現在我們設計一個機制叫A、B、C競爭目標，這個機制設計的結果，每個人都會搶大目標，因為對他有利，他不想搶也不行。第二個條件叫做激勵相容約束。在自願參與之後，必須自願保證完成這個目標。我搶了一個高目標，但是我自願完成，為什麼要自願完成呢？要設立一個機制。所以我們就過去會有博弈了，上有政策下有對策，但是現在我設立這個機制，你自己和自己博弈，什麼意思呢？每個人都想追求自己利益的最大化，無可非議，但是我設計了一個必須先要創造企業利益的最大化，也就是說你想得到個人利益的最大化，你必須先交給我企業利益的最大化，我們叫三條，繳企業利潤，掙夠市場費用，市場費用過去可以報銷，現在不可以，在損益表是不是虧損，如果虧損這個費用自己買單，不想出去住高級賓館，能賺出來就住，掙不出來不要住。自負盈虧，超利抽成。這是很複雜的體系，我說得很簡單。像國外很著名的商學院追蹤我們很長時間，這恰恰應該是網路時代管理創新很重要的內容。

我最後想說的是，這麼做了之後，可以使企業真正有競爭力。歐洲透視經過全球的調查，調查的結果顯示，我們有很多的競爭力指標很高，我們已經達到了國際水準，我們提出零庫存下的即需即供，我在市場上不打價格戰，要貨馬上提供給你，你不要貨我

不會存貨，不斷貨不庫存，這個指標現在達到了我們的庫存包括在途是五天，我看了大陸企業平均水準大概是幾十天，我們只有它的幾分之一甚至十幾分之一，另外一個指標是CCC，現金營運週期，我們已經達到負十天，大陸企業平均要達到正的很多天，正負之間的差異，正的多少天，正的天數越多意味著銀行貸款越多，負的天數越多意味著我的自有資金不但沒有貸款，變成我很大的自有資金，十天不是最高的指標，最高的指標是戴爾，最高的時候曾經達到負三十天，所以我想這是非常重要的，就是說如果你真正是企業有了非常強的競爭力，任何危機都能對付過去。

最後又回到這個問題，自主創新，我非常欣賞加里•哈默德有一本非常有名的書——《管理大未來》，在這本書有一句話我非常欣賞，人類束縛在地球不是地球的吸引力，而是人類的創新力。只要我們有創新力，我們一定會戰勝一切困難，我想最後就用這句話來說，弘揚企業家精神，也就是創新精神，讓我們共同勉勵。

三、展會發言的口才藝術

展會是一種透過實物、文字、圖表等來展覽成果、風貌、特徵的活動。在這項活動中，發言者起著關鍵性的作用。由於展會的發言不僅要有宣傳性、鼓動性，還要有趣味性，使聽眾產生興趣，獲得知識，因而發言者必須具有良好的口語表達技巧。

平易樸實

當眾發言盡量做到口語化。平易樸實，簡明準確的語言才易於為聽眾所接受，聽起來才明白、易懂。

今天，風和日麗，雲彩飄揚，首先，我代表人民群眾，對光臨盛會的各位客商、各界朋友表示熱烈的歡迎！

本鎮是山區、老區。為了發展經濟，改變貧困落後的局面，提高人民的生活水準，近年來，在市政府的正確領導和有關部門的大力支持下，全鎮人民、海外僑胞和各界人士團結一致，努力奮鬥，取得了一個又一個振奮人心的成就，本鎮發生了翻天覆地的變化。今天，我鎮扶貧專案重點工程之一，本鎮最大市場落成剪綵了，這是人民群策群力、同心同德所取得的偉大成果，也是人民走向致富的導航燈。

市場的建成，對我鎮的城鎮化建設和物流業的發展，投資環境的改善，經濟的騰飛都起著十分重大的推動作用。

除了市場的成功落成使用外，近年來，我鎮又先後開展了道路水泥改造工程、小水電開發工程、農村電網改造工程、鎮區改造工程、水庫移民安居工程以及即將進行奠基的工程等八大重點建設工程，致力為人民建造優美的家園，為投資者營造優良的營商環境。現各項工程進展得如火如荼，其中道路建設在全鎮範圍內已完成二十六公里的水泥改造，投入一千萬元興建的水力發電廠已進入施工階段。

總體來說，本鎮社會建設和經濟發展有今天的成就，都是有賴各有關部門、及各界人士的鼎力支持。沒有你們，就沒有市場的建成，沒有你們，就沒有完善的道路交通網絡，沒有你們，就沒有現在的政通人和、社會穩定和人民安居樂業。在此，我代表全鎮人民，向你們再一次表示衷心的感謝和崇高的敬意。展望明天，繼往開來，本鎮將繼續以維護社會穩定為前提，以經濟建設為中心，振奮精神，掌握機遇，扎實工作，完善各項基礎設施建設，秉持「公路」、「鎮區」、「電網」三大工程項目的建設，營造更優越的工作、生活和投資環境。加大招商引資力度，為投資者創造更大的發展空間。著力培育小水電、青梅和花卉三大優勢產業，努力發展山區特色經濟，帶動本鎮全面發展，以嶄新的姿態邁向新里程！

我們相信，在各方的關心支持和全鎮人民的共同努力下，我鎮各項重點建設工程一定會順利開展，本鎮的經濟一定實現跨越式的發展，本鎮的明天一定會再創輝煌！

簡明扼要

展覽解說有時需要詳細說明，但更多情況下是抓住事物的主要特點和主要情況，進行簡明扼要的交代和簡要概括的說明。

在這春回大地、萬物復甦的美好季節，我們來到素有「人間天堂」美稱的地方，非常榮幸的邀請到各位老闆和朋友，參加今天的投資環境說明會。在此，我謹代表對各位老闆和朋友的光臨表示熱烈的歡迎和衷心的感謝！

近年來，本市充分利用「靠江靠海」的獨特區位條件和優越的資源稟賦，全力推進以港建設為龍頭的沿海大開發，有效拓展了投資發展空間，形成了比較明顯的產業特色和投資潛力。

一是深水海港開發建設日新月異。港的開發實施，為大型石化、冶金、能源、物流及相關配套產業的落戶和發展創造了十分難得的條件。當前，正是擴大內需，大力推進港口、交通、能源等重大基礎設施建設的重要時期。

二是綠色能源產業發展前景廣闊。近年來，本市立足風力、太陽能等資源優勢，大力推進沿海風電場、風電設備製造、太陽能光伏電池和潮汐發電等新能源專案建設。本市將把推進風電裝備製造業發展及淺海風電場建設作為綠色能源產業發展的重點，積極引進集風電設備研發、製造、試驗和風力發電於一體的風電產業項目，力爭建成最大的

風電產業基地。同時，繼續深入推進太陽能光伏電池、潮汐發電、垃圾發電等綠色能源項目建設，加快形成特色鮮明、體系豐富的綠色能源產業。

三是大型工業集聚區建設如火如荼。近年來，本市緊緊抓住區域經濟加快融合、沿海開發全面推進的良好機遇，大力推進鐵路、高速、高等級公路、航道等綜合交通體系建設，高起點規劃建設了特色鮮明的經濟開發區、沿海經濟開發區、港口經濟開發區和科技園區。目前，這四大園區基礎配套設施建設基本到位，產業功能定位明晰，為吸引具有較高產業層次和較大產業規模的現代製造業和服務業項目落戶提供了十分優越的平台，在沿海地區形成了比較明顯的園區優勢。

四是濱海特色旅遊業發展蓄勢勃發。本市是海洋大縣，盛產多種名貴海鮮產品，沿海旅遊資源十分豐富，初步形成了集吃海鮮、遊海港、觀海景、品海韻於一體的沿海特色旅遊格局。下一階段，將進一步整合國際化大型海港、沿海風電場、中心漁港、大型平原水庫、百里綠色生態長廊及空中交響樂（放風箏）、海上迪斯可（踩文蛤）等特色旅遊資源，積極吸引大型旅遊休閒項目落戶建設，力爭把本市建成新興的國家級生態旅遊度假區。

總之，隨著本市的投資潛力和發展優勢越來越明顯，越來越為廣大客商所關注和看好，正成為廣大策略投資者的首選。

在座的各位老闆都是馳騁商海、出類拔萃的精英，具有敏銳的投資眼光和非凡的投資才能。今天，我們在此舉行投資環境說明會，旨在透過這一活動，讓在座的各位精明之士、有識之士對本市有更多、更深的了解，並促成一批合作專案的簽約。在此，我們也誠摯的邀請各位嘉賓並透過你們介紹更多的朋友到本市觀光考察、投資興業。我們將為你們提供最優質的服務、最優惠的政策和最優良的環境。

最後，衷心祝願各位嘉賓、各位朋友身體健康、事業興旺！

娓娓道來

切忌生硬背稿，照本宣科。儘管有的發言詞已事先準備好，但生搬硬套總讓人難以接受。而娓娓道來，如敘故事，如數家珍，則讓人備感親切。

非常高興也非常榮幸舉辦本市的投資環境說明會，歡迎各位朋友的光臨表示最熱烈的感謝！

剛才，專題片中已經介紹了資源、區位、產業和投資環境等情況，這裡我再就大家關注的幾個問題做進一步說明：

第一，本市是經濟熱門區域，是投資者的熱土、創業者的樂園。

一是本市具有重要的區位優勢。一個重要工業城市。二是本市是振興老工業基地的

重點扶持地區。本市是重要的工業城市和資源型城市，具有雄厚的工業基礎，已形成了食品、醫藥、林木加工、冶金機械、清潔能源五大工業體系，工業經濟對財政的貢獻率達到百分之七十以上。振興老工業基地策略給本市帶來了新的發展機遇，讓本市得到了更多的資金和政策扶持。

第二，本市有著廣闊的投資領域。我們真誠希望在以下幾個方面與各大企業進行交流與合作。

一是林木加業。在本市發展集成材、高密度板、家具配件、高檔家具等木材深加工具有良好的基礎條件。本市擁有兩大林木資源。目前我們已編制了全市木業發展規劃，並建了木業加工園區，全市林木加工企業已發展到一百餘戶，木製窗簾、實木地板、裝飾材料等產品遠銷美國、日本、瑞典等國家和地區。

二是食品加工業。本市森林有機食品資源富集。蕨菜、松籽、猴頭菇等一百多種森林有機食品年儲藏量達五萬噸。人工種植食用菌年產量達六萬噸。目前已有十餘家知名食品加工企業到本市發展，全市食品加工企業達一百三十餘戶，已初步開發了果汁飲料、山野菜等有機食品、綠色食品。

我們歡迎各大企業到本市發展以綠色食品、森林有機食品、製酒為重點的韓國風味食品加工，開發山野菜、松籽、食用菌等系列山產品深加工以及肉牛、豬、雞等畜產品精深加工和乳製品加工。

三是服務行業和輕工產品。作為東北亞重要的商貿樞紐，本市人流、物流、資訊流高度集中，旅遊、商貿、餐飲、旅館、娛樂、房地產等服務體系健全，今年中青旅集團將在本市建設北部唯一的五星級賓館。在這裡也歡迎大家到本市發展仲介、物流、資訊產業、文化產業、體育產業等新興服務業。同時，我們還在服裝、紡織、電子、鞋帽、汽車零組件等對俄輕工業方面，積極尋求合作夥伴。

四是醫藥工業。境內人參、黃芪、五味子、刺五加等兩百多種中草藥材年蘊藏量達十二點五萬噸。本市已被確定為醫藥工業加工園區，區內基礎設施已全部達到。在不足兩年時間裡，我市製藥企業發展到了八家，並全部透過了安全認證。我們真誠的希望在中藥提取、中西藥製藥、原料藥生產等方面引進一批有實力的企業，真正把本市打造成藥之城。

五是水能產業。境內有大小河流一百多條，水資源總量七十八億立方米，水能蘊藏量五百五十萬千瓦

六是旅遊產業。本市的旅遊資源獨特，有三個國家級森林公園和一個國家級地質公園。我們已制定了蓮花湖、威虎山等旅遊景區總體規劃，創意包裝了滑雪旅遊度假區、雪鄉滑雪旅遊集合區、蓮花湖景區整體開發等一批精品旅遊專案，正等待大家的開發

與建設。

到本市投資不僅可以尋找到高報酬率的專案，而且可以享受到一流的服務。對投資者投資建廠我們有專門機構負責代辦、領辦一切手續；對重點專案我們將成立專門協調小組追蹤售後服務。對組團或集團式的入駐與開發、企業自身形成吃配關係的策略投資者、高新技術產業、重大項目和著名品牌，我們將採取一事一議的辦法給予特殊優惠。總之，企業生產經營之外的一切事宜都由我們來辦，真正做到以我們的服務助你們成功。

第三，關於企業進入的形式。到本市投資，進入的形式可以靈活多樣，不受任何限制。

一是可以將本市作為你企業的原材料基地或半成品生產加工基地。可以把我們的林木、山產品、中藥等資源作為原材料直接輸出給外地的企業，也可以依託豐富的資源進行半成品加工，再輸出給外地的企業進行精深加工。

二是可以直接投資建廠。依託我們的區位、資源、產業等優勢，投資建廠，進行就地加工、就地銷售、就地出口。

三是可以建設物流或商品集散地。借助本市優越的區位和便捷的交通，以及靠近中心區商貿流通和生產企業集群的優勢，組建集包裝、運輸、加工、資訊於一體的物流公司或與其他產業相配套的產品配送公司，形成以口岸為前沿。同時，可以依託木材、山產品、食用菌、蔬菜等資源，建設批發、零售市場的商品集散地。

四是可以與本市現有的企業在生產經營上進行廣泛合作。透過合資、合作的方式，對我們的資源和產業進行開發，實現資金、技術、人才和市場的最佳組合。

同時我們歡迎大企業、大集團透過兼併、收購等方式，進行跨地區、跨行業的聯合、重組，擴張規模，提高經營效益。總之，本市人氣興旺，商機無限。我們竭誠的歡迎各位貴賓、各位企業家，到本市觀光考察、訪友做客、投資建廠。如果你們到本市做客，我們將以東北人特有的熱情豪爽盡東道主之宜，招待好、服務好；如果你們到本市來發展創業，我們將誠心誠意的為您負責，創造一流的條件，提供一流的服務。

四、典禮儀式中的口才藝術

典禮儀式包括節日慶典，開工、竣工典禮，發獎、授勳儀式，開幕式，簽約儀式等。每當在典禮儀式開始的時候，主賓之間一般都要當眾致辭，以表達對典禮儀式的慶祝之意。

迎送致辭

包括歡迎辭和歡送辭。歡迎辭是指代表組織或企業在宴會、酒會、茶會上向客人表示歡迎和日後團結共事的願望。開頭表示對來賓的歡迎，中間對過去交情的回顧，最後表達今後進一步合作的願望以及前景的展現，當然依內容的不同而有所側重。下文是畢業典禮上的致辭。

我很高興能夠接受院長的邀請，來參加大學經濟管理學院的畢業典禮，向同學們表示祝賀。

我今天想講的題目，是「畢業以後」。為什麼要講這個題目？是因為參加同學們的畢業典禮，使我彷彿回到了多年前我從大學畢業的時候，回憶起畢業以後的經歷，所以在這個典禮上我願意和同學們分享我自己在走上工作職位以後如何在師友幫助之下努力求索的切身體驗，希望對大家有所啟發。

「畢業」，意味著完成學業準備，邁步走向社會。在這個新生活的起點上，大概每一個人都會對未來生活有一番想望，對今後的人生充滿了期待。特別是從這樣的著名大學畢業，學的又是經世濟民的本領，同學們更會覺得前面即使不是金光大道，也會是廣闊天地。然而進入社會以後，可能不少人卻發現，現實生活和原來想望有很大的差別，事情的發展並不像想像的那樣順利，於是就會產生苦悶徬徨的心境。胡適一九三二年六月在畢業典禮上說，青年人在遇到這種情形時可能發生的「墮落」，大約有兩類：第一是拋棄學生時代的求知欲望；第二是拋棄學生時代理想的人生追求。防止出現這兩類「墮落」顯然是決定人生去向的大問題，值得此刻深思。

然而，進入工作職位，接觸現實經濟以後，我卻發現，實際情況和教科書上講的並不相同。回顧我大學畢業後五十多年的經歷，我感受到，在現實與理想產生距離之時，學會批判性分析性的思維方法，堅守實事求是的道德準則，是促使我不斷探索經濟學的真理和尋求進步的道路的兩個根本動因。當我回首往事的時候，我為自己在人生道路上的關鍵時刻受到具有良知的師長的指點感到幸運。同時，我也為自己能夠堅持不懈的努力，既不拋棄理想，又不拋棄求知欲望而感到慶幸。今天分享我的這些轉折和求索的經歷，唯希望同學們能夠堅持真理而非教條，努力思考而非盲從，這樣才能在現實世界中保持理想，不斷進步。

同學們即將走出大學，開始新的生活。在我看來，目前建立的市場經濟制度還是一種具有過渡性質和有待完善的體制。你們所要面臨的經濟，在未來有可能出現各種複雜的變數。這是你們今天在畢業這個人生的關節時點上，應該有所預期和有所準備的。

可以預計，在座諸君未來的行程不大可能總是一帆風順，你們肩上的擔子也不會比我們這一代人更為輕鬆。我希望同學們在遇到困難和障礙的時候，一定不要懈怠觀望，

不要喪失信心，不要放棄自己的人生追求，要學會批判性分析性的思維方法，要堅守實事求是的道德準則，迎難而上，靠努力贏得進步。

最後，我想祝願畢業生們找到自己的人生道路！

歡送辭主要表達一種依依惜別之情以及對過去一段時間合作的肯定，結尾處則應有鼓舞、振奮和祝願之語。

歡送辭還應注意措辭，講究文采，適當運用名言、典故、成語、詩詞，或形象化的比喻等，恰到好處的道出了他內心的祝願。

賀慶致辭

賀慶致辭主要是客方向主方祝賀致辭，如開張、慶典等活動，就需賀慶。透過祝賀，表示對對方的理解、支持、鼓勵和祝願，以增進友誼。下文是某店開店五十週年慶典講話。

今天，我們懷著無比喜悅和激動的心情，在這裡歡聚一堂，隆重慶祝開店五十週年。在這個令人難忘的時刻，各位長期關心和支援建設和發展的長官、嘉賓、同行，懷著深厚的情誼來到這裡，給我們送來了真摯的祝福。在此，我代表××全店員工，向出席今天慶典大會的嘉賓、同行、新聞媒體的朋友們，表示熱烈的歡迎和衷心的感謝！

五十年來，歷屆幾代員工，發揚「艱苦創業、勤奮工作」的優良傳統，贏得了社會各界的信任與讚譽，成為接待行業的明星公司。在半個世紀的漫漫歲月中，

一次次決定前途與命運的會議在這裡舉行，是歷史的見證；

一代代建設者的優秀代表在這裡聚會，是發展的縮影；

一張張飽含著勞動者熱情與汗水的喜報在這裡匯總；

一批批交流合作者寄託著探究與期待在這裡集中，是對聯繫的橋梁；

一群群的賓朋滿懷著希望與憧憬在這裡駐足，是傳播友誼的使者。

今天已經成為屹立於飯店行業的一棵生機盎然的大樹，根深葉茂，碩果累累。五十年的發展和成就，飽含著老一輩先人在創業道路上留下的艱辛和汗水，承載著社會各界、同行的關心、支持和厚望，凝聚著全店員工的聰明才智和努力拚搏。今天，在這樣一個莊嚴、神聖的時刻，我們深深的懷念並感謝本店發展事業嘔心瀝血、無私奉獻的先賢和前輩！深深的感謝長期關注和支持產業發展的各界朋友和同行！讓本店逐步累積、沉澱和形成了自己的經營理念和企業精神。

各位來賓，在慶祝開店五十年來所取得的輝煌成就之時，我們也清楚的看到建設和發展中所遇到的矛盾和困難，看到我們工作中存在的問題和不足，看到我們與先進同行比較所存在的差距。五十年店慶是一場慶典，更應是一次反思，我們要以理智的態度，

堅定的信心，不屈的意志去迎接挑戰，去戰勝困難。我們要將五十年店慶作為發展的一個新的契機，作為新世紀騰飛的一個新的起點。

一般說，祝賀是針對喜慶意義的事，因此不能說不吉利的話或使人傷心不快的話，而應講吉利的、歡快的、使人快慰和感動興奮的「好話」。如祝賀企業開業，除了開頭表示熱烈祝賀、結尾表示衷心祝願外，中間內容也要根據自己與對方熟悉的程度多讚美對方。從企業開張的充分準備，領導們的不懈努力到員工們的協助配合，以企業今日的開張到美好的前景展望，祝賀辭應不吝讚美語，給喜慶的典禮更增添一份喜慶的氣氛。

答謝致辭

在社交活動中，答謝辭是一種回報對方的重要形式。孔子說：「來而不往，非禮也」。答謝辭正是為了感謝對方的祝賀、幫助、盛情款待而應有的禮貌性致辭。下文是廣場雕塑揭幕儀式上的致詞。

在全市上下歡度佳節的喜慶氣氛中，我們在這裡隆重舉行——廣場大型雕塑揭幕儀式，這是本市實施策略的一項重要內容，也是提升城市品質、展現城市魅力的一項重要舉措，對於激發全市人民的家鄉熱情，實現區域性中心城市目標凝聚力量、鼓舞士氣具有十分重要的意義。首先，我代表市政府向雕塑的落成表示熱烈的祝賀！向參與雕塑設計、施工的工作人員表示衷心的感謝！

文化是一個城市的靈魂。當今城市的競爭，是經濟能力的競爭，也是城市文化、形象、品質的競爭。堅持以科學發展觀統領經濟社會全域，以和諧發展為主題，以結構調整為主線，經濟社會邁向了可持續發展的快車道。

在我市經濟快速發展的過程中，市政府高度重視文化事業和文化產業的發展，透過積極推進文化體制改革，整合文化資源；鼓勵文化產業開發多元化，推動皮影戲、木偶等傳統藝術向演藝、旅遊方向發展。特別是近年來，我們牢固樹立建設特色文化城市的理念，充分運用市場的、現代的手段，挖掘、整理、保護、利用我市豐富的歷史文化資源和文化底蘊，把特有的文化內涵滲透到城市各個角落，展現到城市建設的發展中，取得了顯著成效。今天，廣場兩座雕塑的落成，正是現代文化與傳統文化的有機結合，必將為美化和豐富人民的精神生活，潛移默化的對幹部群眾進行思想政治教育達到重要的作用。

城市雕塑是一種將視覺藝術、空間藝術、大眾藝術等融為一體的綜合藝術表現形式，它是一個城市的象徵，也反映了一個城市的精神這典型雕塑，既是民間傳統文化的集中展示，也是廣場文化、特色城市的表現形式，希望全市廣大幹部群眾能把「尊孝崇義」的人文精神傳承下去，發揚光大，努力弘揚家庭美德、社會公德和職業道德，

為「加快科學發展、建設和諧孝義」創建文明城市和打造區域性中心城市目標做出自己的貢獻！

最後，預祝廣場雕塑揭幕儀式取得圓滿成功！

答謝辭最重要的是要誠心誠意，有真情實感，令人聽後感到愉快、親切。構思答謝辭的最好方法是根據過去或正在進行的具體事情，找出它的具體細節並從中把自己的感受和認識講出來，作為誠致謝意的依據，從而避免虛浮、空泛。答謝辭有的事先準備好，也有的是即興的。

在典禮儀式中致辭時，應注意以下幾點：

（一）注意場合和對象。致辭總是在特定的情境下進行的，因此一定要考慮到特定的環境、特定的對象，要與當時的氣氛相融，要與聽眾對象的情感相通。

（二）注意開頭和結尾。「好的開頭是成功的一半」。開頭應不落俗套，富有新意和吸引力。在公開場合的致辭，如果開頭吸引不了聽眾，你就不能有效的集中大家的注意力，再好的內容，也不會有幾個人聽進去。結尾也很重要，要做到乾脆、有力，給人以鼓勵、希望和信心。

（三）注意內容和措辭。致辭時目的要明確，內容富有針對性，應明確提出活動的宗旨和要求，表明主賓態度。語言要求明快熱情、簡潔有力，切忌東拉西扯，旁徵博引。措辭要有鼓動性。慶賀典禮宜多用讚美話，以增強喜慶氣氛，鼓舞人心。

(四)注意體態和風度。致辭者一般應站立發言，稱呼要得當，體態要大方自然，氣質優雅，根據講話內容致禮於聽眾對象，時而含笑環視其他聽眾。還可以用鼓掌、致敬等動作加強同聽眾心靈的溝通，以增強表達效果。

祝願致辭

在典禮儀式當中的祝願致辭往往含有希望對方更進一層樓的含義在裡面。下文是香港富商李嘉誠出席新加坡管理大學「李嘉誠圖書館」開幕典禮的演講。

讓我誠心誠意向你們祝賀，新加坡管理大學新校舍和圖書館落成，在新加坡欣欣向榮的國土上增添動力，祝願大學有更成功的未來。

對我來說，這時候有如走進時光隧道，腦海中展現一幕幕的回憶，還記得在一九六七年，因為憂慮局勢會轉趨動盪，我將我年少的家庭移到這裡尋找安寧，受到你們親切的歡迎，這份情義是永遠長留在我心中。

我很高興見到現在我們這方的世界已有別於昔日，因為不同意識形態而掀起的鬥爭、導致的流血、令人民傷心的時代已成過去。整個亞洲都受惠於大規模的變革，大家

對「改革與開放」一詞有更深層次的演繹和理解，這股進步巨浪的動力，不單令人民感到樂觀和充滿希望，也影響全球。

然而嚴峻的現實世界，是別人從來不以我們努力得來的理想成就來作評價，衡量算度的是我們日後如何持續進取。

我認為，今天我們面對最主要的挑戰是如何培育有責任感的公民，怎樣在具備前瞻進取思維的年輕人心中，培植意志與能力，來承傳每個民族未來真正的希望。男男女女均屹立不搖、博學多聞、具文明意識、能慎思明辨及理想崇高，不會只嚮往個人成就，或滿足於被視為經驗豐富、懂得捕捉商機的工業家、企業家和專業人士的社會新地位；這些閃耀著獨立思維、創意及胸懷大志的一顆顆年輕的心，對自身及世界應更具有深層的責任感，珍惜個人及社會的共同尊嚴。

如果說政治結構的改革像靈丹妙藥，一劑便能解除貫透充斥我們民族歷史的痛苦及迷霧，那實在是頗為武斷及過度簡單的說法。我們需要建基於法治、可靠和公正的……但一個公民社會必須先植根於每一個國民的心中，人民要作出的承諾，是遠遠超越平等參與、個人權益及經濟機會，大家要有對社會共同承擔責任的精神，正如雅典人對其城市的誓言：「我們定將竭力把祖先留給我們的城市建設得更偉大、更輝煌、更美好，再傳給我們的後代。」

如果我們想享有其他成功民主國家所有的多元自由和無窮的抉擇機會，必須更有效的掌握其持續的動力和靈活彈性的精華；只著眼於研究提供公民權利的參與機制，那是不足夠的。一個生機蓬勃的民主制度，要同步建立能共融人類智慧及靈性、責任及理性的文明生態環境。

我知道談及公民權利是時尚的話題，但說到個人責任，關乎社會秩序和公德，幾乎肯定會被大筆的抹黑，有些人甚至把稍一提及義務和責任的人視為反民主，這是非常錯誤的觀念。人與人之間真正的自由是一條要實踐的漫漫長路。自由和民主是普世認同的價值觀，我熱愛自由，也支持民主，然而自由和民主必須建基於法律和秩序，這是國家持續發展最重要的基石。民主是我們必需及重要的目標，怎能輕率的僅聚焦於建立機制便視為達致目標，要知道差不多的真相並不等同真相，它依然是虛的；形態固然重要，但更重要的是事情的本質；結構也許是維繫大家的機制，而本質才是我們持續推進及超越的亮光。正如這所新落成的圖書館大樓，在這浩瀚無涯的知識汪洋中，如果有更多人去探索真我是什麼、我們又是什麼以及我們未來的路向，那大樓的軀殼便像有了美麗的靈魂。

各位來賓，經驗是人生無價之寶，尤其是從艱苦憂患中成長的一代，因為我們可以理所當然的反思過去，並且更能坦然表達自己對未來的冀望，雖然我並不肯定資政閣下

是否同意我這說法，我認為憂患並不一定帶來智慧，但卻會擴大人的體驗，令我們審慎克詐。因為考驗式的經歷，令我們能超越既定觀念和偏見的束縛。特別是資政閣下，你在充滿困難及競爭挑戰的時代中，全心全意奮力成功的將國家推向一個又一個的高峰，堅定不移透過先行打造具建設性的發展作為根基，成就、發展及見證真正及有秩序的自由、人道及正義的社會、公平及人人平等參與的權利，這些理想、這些價值觀也正是我們所期望及感到最珍貴的。

五、婚禮致辭的口才藝術

結婚乃人生中的一件大喜事，妙語生花的致辭能使婚禮分外熱鬧，不僅能使來賓們在笑聲中享受到樂趣，而且能使人們成長知識，得到教益。婚禮上成功的當眾發言對於增進友誼、發展愛情，具有不可忽視的作用。

妙語開場，渲染氣氛

俗話說：萬事開頭難，婚禮致辭也不例外。必須用幽默、風趣的語言，把來賓們的注意力吸引過來，藉以渲染熱烈氣氛，為下面各項「節目」的進行做好鋪墊。

各位來賓朋友們大家好！很高興大家來參加××先生和××小姐的結婚典禮。首先我代表二位新人向各位的到來表示衷心的感謝！今天是西元××××年的××月××號，農曆××××。今天世界上兩個最幸福的人，他們將攜手走進這個婚姻的殿堂，即將開始他們的幸福生活，在這裡讓我們用幸福的掌聲歡迎他們的到來吧！（有請新郎××新娘××入場！）開始結婚進行曲。

［結婚進行曲中］，在這優美抒情浪漫的婚禮進行曲的伴奏下，在這個幸福的時刻裡，在我們面前的這對新人，他們心貼著心、手牽著手，面帶著微笑向我們款步走來。這預示著他們幸福生活的開始。朋友們，讓我們以衷心的祝福，為他們歡呼，為他們喝彩，為了他們完美的結合，而熱烈鼓掌，祝福他們擁有美好的未來！

（有請新郎新娘上台）今天英俊瀟灑的新郎和美麗漂亮的新娘終於再次牽手了。今天來參加你們婚禮的人是非常的多，可以說是高堂滿座，各位的到來給你們的婚禮帶來了歡樂，同時也使得這裡顯得蓬蓽生輝。充滿了幸福的氣息，下面我就介紹一下今天的主要來賓（他們是雙方的父母親友、雙方的主管、證婚人）。（請新郎新娘感謝來賓的到來）

現在我就代表在座的各位親朋好友問你們一個問題。××先生，您願意娶您身邊這位××小姐為您的妻子嗎？（願意）（掌聲）無論是貧賤與富貴直到永遠嗎？那麼，好請問××小姐：您願意嫁給在您身邊這位××先生為您的丈夫嗎？無論貧賤與富貴直

到永遠嗎？（願意）（掌聲）那麼，好讓我們祝他們一生平安，前程燦爛，白頭偕老！（掌聲）

好，各位親朋好友，站在你們面前的這對新人，他們從相知相戀，到今天的喜結良緣，成為合法的夫妻，可以說是天賜良緣。合法的夫妻需要有法律的保護，下面有請證婚人為他們頒發具有法律效力的證書。（證婚人上場宣讀證書）

下面新人將向雙方父母之上深深的感恩禮，敬茶並改口。（有請雙方父母上台）

感謝父母的生育之恩：一鞠躬感謝父母的養育之恩，二鞠躬祝雙方父母健康長壽，三鞠躬向雙父母敬茶並改口。（請雙方父母給我們的新人和來賓講幾句話）（合影）

下面兩位新人互相行禮：一生一世、一往情深，一鞠躬，心心相印、恩恩愛愛，二鞠躬，三生有幸，來賓作證，三鞠躬（掌聲）。

接下來兩位新人將互送新婚的信物並喝下新婚的美酒。（朋友們這紫紅色的美酒將預祝他們今後的生活幸福美滿，來賓們讓我們再次祝福他們。）

向親朋好友致謝禮。在他們生活和工作中，在座的親朋好友、同學同事、公司主管，都給予過他們幫助，在此他們將獻上深切的致謝禮：感謝同學同事的關心，一鞠躬，感謝親朋好友的關心，二鞠躬，祝大家身體健康、萬事如意，三鞠躬。

下面我們的新人將給我們帶來一個更溫馨的時刻，他們將點燃新婚的生活，愛情的燭光。（放抒情的音樂）。

朋友們這燭光充滿了溫馨，充滿了愛更充滿了光明，今天××先生和××小姐再我們面前攜手點燃了這新婚的聖火，願他們今後的生活像這燃燒的燭光一樣光明溫馨，朋友們讓我們用熱烈的掌聲祝福他們吧！

來賓朋友們在這美好的祝福和熱烈的掌聲中，在此我宣布××先生與××小姐的結婚典到此禮成，將新人送入洞房。

今天××先生和××小姐的婚禮是熱烈圓滿的，在此我代表新人向大家再一次的表示感謝！下面請大家盡情的享用這幸福的美宴吧。

妙語其實多得很，它既可以取材於生活，又可以取材於古今中外文學作品，但值得注意的是妙語要有針對性，要切合新郎、新娘以及來賓的特點，即要考慮他們的文化程度、思想修養、生活習慣等。

借題發揮，別開生面

有了良好的開端，事情就成功了一半。婚禮致辭要見景生情，即興發揮，這樣才能推波助瀾，使婚禮的氣氛益趨生動、活潑。

五月是一個浪漫的季節，今天是一個吉祥的日子，此時是一個醉人的時刻。因為，

常先生與房小姐在這裡隆重慶典，喜結良緣。從此，新郎新娘將擁有一個溫馨怡人的愛之甜夢，也開始了人生幸福熱烈的愛之旅程。在這神聖莊嚴的婚禮儀式上，我代表××公司的三千多位員工，向這對珠聯璧合、佳偶天成的新人表示最熱烈的祝賀。

俗話說：同船共渡，需五百世因緣。相識本身是一種緣，能夠相守更是一種緣。他們從相識、相知、相戀到喜結良緣，經歷了人生最美好的時光，此時的天作之合又延伸了這種緣。婚姻是一份承諾，更是一份責任，願兩位新人從此互敬互愛、謙讓包容，要像光一樣彼此照耀，像火一樣溫暖另一半。要以事業為重，用自己的聰明才智和勤勞雙手打造美好的未來。不僅如此，還要尊敬父母，孝心不變，常回家看看。

衷心祝福兩位新人，生活像蜜一樣甘甜，愛情像鑽石般永恆，事業像黃金般燦爛。祝願你們青春美麗，生活美好，生命精彩，人生輝煌。

最後，讓我們共同分享這幸福而美好的時刻，祝大家身體健康，萬事順暢，吉祥滿堂！

總之，在婚禮進行的過程中，借題發揮的機會很多，只要注意尋找、動腦思考，便可捕捉到。

幽默風趣，意味深長

既要「逗趣」，又要耐人尋味，這是婚禮致辭的主要特點。但幽默風趣並不等於無聊的插科打諢，更不等於庸俗的耍貧嘴。

值此××小姐、××先生新婚大喜之際，我謹代表××所在××市××學校以及師生員工向這對新人送上誠摯的祝福，祝他們花好月圓、攜手到老、愛情永駐、同心永結！

××市××學校是優秀的高中，××小姐是這個團隊中一名優秀的青年教師。正如她的名字一樣，她溫文爾雅，她亭亭玉立，她關愛學生，她善解人意，她是學生眼中的好老師，她是同事眼中的好同事。她所輔導的學生動漫美術作品還多次獲得各類獎項。今天看到的××先生也非常優秀，他曾經是一名軍人，看××先生往××小姐身邊一站，我們就知道花兒為什麼這樣紅！

今天，我榮幸的作為證婚人在這裡宣布：二位新人都達到了晚婚年齡，身體健康，兩情相悅，符合法律要求和規定，二位的結合合法、真實、有效。請大家用掌聲一起為他們證婚！

當然，在這裡我還要提醒二位新人：有了小家不忘大家，家庭事業雙豐收，孝敬父母。

婚禮致辭要含蓄、文雅，切忌低級粗俗。一位哲學家曾經說過：「幽默是具有智慧、教養和道德上的優越感的表現。」有口才的婚禮致辭都長於用幽默雋永的語言取代低級、無聊的玩笑，寓教於樂，使婚禮在歡聲笑語中充滿高尚的情趣。

五、婚禮致辭的口才藝術

電子書購買

口才不靠天賦：5 堂課讓你成為演說高手，魅力話術治癒你的上臺恐懼症！/ 劉惠丞，楊堂閪著 . -- 第一版 . -- 臺北市：崧燁文化事業有限公司，2021.08
面；　公分
POD 版
ISBN 978-986-516-689-2(平裝)
1. 說話藝術 2. 口才 3. 演說術
192.32　110008622

口才不靠天賦：5堂課讓你成為演說高手，魅力話術治癒你的上臺恐懼症！

臉書

作　　者：劉惠丞，楊堂閪
發 行 人：黃振庭
出 版 者：崧燁文化事業有限公司
發 行 者：崧燁文化事業有限公司
E-mail：sonbookservice@gmail.com
粉 絲 頁：https://www.facebook.com/sonbookss/
網　　址：https://sonbook.net/
地　　址：台北市中正區重慶南路一段六十一號八樓 815 室
Rm. 815, 8F., No.61, Sec. 1, Chongqing S. Rd., Zhongzheng Dist., Taipei City 100, Taiwan (R.O.C)
電　　話：(02)2370-3310　　傳　　真：(02) 2388-1990
印　　刷：京峯彩色印刷有限公司（京峰數位）

— 版權聲明

本書版權為作者所有授權崧博出版事業有限公司獨家發行電子書及繁體書繁體字版。
若有其他相關權利及授權需求請與本公司聯繫。
未經書面許可，不得複製、發行。

定　　價：330 元
發行日期：2021 年 08 月第一版
◎本書以 POD 印製